I0036135

UNIVERSITÉ DE GRENOBLE

FACULTÉ DE DROIT

ÉTUDE DE DROIT FRANÇAIS

SUR

L'IMPOT DES MUTATIONS PAR DÉCÈS

(Législation actuelle et projets de réforme)

THÈSE POUR LE DOCTORAT

L'acte public sur les matières ci-après sera soutenu
le Samedi 27 Mai 1899

Par Louis BREYNAT

AVOCAT PRES LA COUR D'APPLI DE GRENOBLE

IMPRIMERIE GÉNÉRALE

3, rue Denfert-Rochereau
GRENOBLE

—

1899

8·F

12831

THÈSE

POUR

LE DOCTORAT

BIBLIOTHÈQUE NATIONALE
R F

Meis et amicis

UNIVERSITÉ DE GRENOBLE

FACULTÉ DE DROIT

———

ÉTUDE DE DROIT FRANÇAIS

SUR

L'IMPOT DES MUTATIONS PAR DÉCÈS

(Législation actuelle et projets de réforme)

———

THÈSE POUR LE DOCTORAT

———

L'acte public sur les matières ci-après sera soutenu
le Samedi 27 Mai 1899

Par Louis BREYNAT

AVOCAT PRÈS LA COUR D'APPEL DE GRENOBLE

———

IMPRIMERIE GÉNÉRALE

3, rue Denfert-Rochereau

—

1899

FACULTÉ DE DROIT DE GRENOBLE

MM. TARTARI ✳, doyen. professeur de Droit civil.

GUEYMARD ✳, doyen honoraire, professeur de Droit commercial.

TESTOUD ✳, professeur de Droit civil, *en congé.*

GUÉTAT, professeur de Droit criminel.

FOURNIER, professeur de Droit romain.

BEAUDOIN. professeur de Droit romain.

BALLEYDIER, professeur de Droit civil.

MICHOUD, professeur de Droit administratif.

PILLET, professeur de Droit international, *délégué à la Faculté de Paris.*

BEUDANT, professeur de Droit constitutionnel.

CAPITANT, professeur de Procédure civile.

HITIER, agrégé, chargé de cours.

CUCHE, agrégé, chargé de cours.

GEOUFFRE DE LA PRADELLE, agrégé, chargé de cours.

REBOUD, chargé de cours.

ROYON, secrétaire.

JURY DE LA THÈSE

Président : M TARTARI, professeur, doyen

Suffragants : { MM. MICHOUD, professeur
{ CUCHE, agrégé.

BIBLIOGRAPHIE

Bosquet. — Dictionnaire raisonne des domaines et des droits
domaniaux ; Rouen Le Boullenger, 1762.

Baudry-Lacantinerie. — Precis de droit civil, 3ᵐᵉ édition Paris
Larose et Forcel, 1889.

Baudry-Lacantinerie et Wahl. — Droit civil des successions,
Larose et Forcel, 1895

Bulletin de statistique et de législation comparee publié par les
soins du ministere des finances.

Championniere et Rigaud. — Traité des droits d'enregistrement.
2ᵐᵉ édition, Paris 1851.

Demante — Principes d'enregistrement en forme de commentaire de la loi du 22 frimaire an VII 4ᵐᵉ edition Paris
Cotillon, 1890.

Dictionnaire des finances publie sous la direction de M Leon
Say. 1889, Paris. Berger-Levrault

Dictionnaire des droits d'enregistrement, 3ᵐᵉ edition, Paris, Marchal, 1884

Garnier — Repertoire general et raisonne d'enregistrement,
5ᵐᵉ édition. 1874, Paris, Delamotte.

Journal d'enregistrement.

Journal Officiel. — Documents parlementaires

Leroy-Beaulieu — Traité de la science des finances, 2ᵐᵉ édition,
1879, Paris Guillaumin.

Leroy-Beaulieu. — Le collectivisme, examen critique du nouveau socialisme, 2ᵐᵉ édition, Paris, Guillaumin.
1885.

Lefevre. — These de doctorat Lille, 1897.

Loysel — Institutes coutumieres, édition Dupin, Paris, Durand.
1846.

Moureau — Manuel des déclarations de succession, 3ᵐᵉ edition, 1875, Paris.

Naquet. — Traité des droits d'enregistrement, Paris, Delamotte, 1882.

Sauty. — Thèse de doctorat, Paris 1893.

Sirey. — Rapport du conseiller Laborie; 1857, 1, 401.

Vignes. — Traité des impôts en France, 4me édition, Paris, Guillaumin, 1880.

Wahl. — Thèse de doctorat, Grenoble, 1886.

Wahl. — Etude sur le privilège du Trésor en matière de droits de mutation par décès, Paris, Rousseau, 1892.

INTRODUCTION

——

L'impôt établi sur les mutations par décès offre au jurisconsulte un intérêt scientifique tout particulier. Les taxes successorales étant assises sur la transmission de la propriété par le décès des personnes ; il faut recourir aux données de la loi civile ‚pour aider à la constatation de ce fait purement juridique. La transmission de la propriété par décès procède de causes diverses à chacune desquelles un tarif spécial est attaché. Il est nécessaire de connaître les éléments *essentiels* de chaque sorte de mutation pour établir judicieusement les tarifs en vigueur.

Loin de découler exclusivement de lois spéciales, les règles de la perception de l'impôt des mutations par décès supposent presque toutes une question d'ordre purement civil, car si la loi fiscale établit le montant de l'impôt et son

assiette, le droit civil en détermine l'exigibilité.
Une étroite connexité existe donc à ce point de
vue entre la loi civile et les dispositions fiscales ;
et dire que l'interprétation de ces dernières est
étrangère aux principes du droit civil, c'est dire
qu'on peut tirer la conclusion d'un raisonnement
sans en connaître les prémisses.

L'impôt sur les successions est rangé par les
lois administratives françaises parmi les droits
d'enregistrement. Il forme une des branches les
plus importantes des revenus publics, car si l'on
y joint l'impôt des donations, son produit représente environ les deux cinquièmes du rendement
total des droits d'enregistrement.

L'article 2 de la loi du 22 frimaire an VII,
classe les droits d'enregistrement en deux catégories : « Les droits d'enregistrement sont fixes
ou proportionnels, suivant la nature des actes
et des mutations qui y sont assujettis ». L'impôt
des successions appartient à la seconde catégorie ; l'article 4 de la même loi porte en effet que
« le droit proportionnel est établi......pour toute
transmission de propriété, d'usufruit ou de jouissance de biens meubles et immeubles, soit entre
vifs, soit par décès ». La transmission des biens
opère au profit de celui qui les recueille, une

augmentation de fortune·que la loi atteint proportionnellement à sa valeur.

D'après une autre nomenclature, les droits d'enregistrement se divisent en droits d'actes et droits de mutation : dans la première catégorie l'impôt est établi sur l'acte considéré en lui même, sur *l'instrumentum* ; dans la deuxième, il atteint le fait de la mutation. Les droits de succession sont des droits de mutation ; ils s'appliquent en principe à toutes les espèces de transmission par décès, sans exception.

Les lois organiques de l'impôt des mutations par décès présentent des défectuosités nombreuses. Inspirées surtout par les traditions historiques, elles sont, sur beaucoup de points, en désaccord avec les principes de la loi civile et les données de la science financière. Quelques réformes partielles ont heureusement corrigé les rudesses de la législation primitive, mais elles sont insuffisantes. Une refonte presque générale serait nécessaire pour rendre la perception plus supportable, mieux appropriée aux besoins de la pratique et acceptable pour nos mœurs actuelles.

On se propose, dans cette étude, d'examiner principalement les réformes les plus urgentes

qu'il conviendrait d'introduire dans le fonctionnement et l'assiette de l'impôt des mutations par
décès. Mais avant d'en arriver là, il paraît juste
de donner un aperçu des traditions historiques
qui se rattachent à la question et d'exposer les
principes actuellement en vigueur. Un aperçu
historique, l'exposé de la législation actuelle et
l'étude des projets de réforme seront ainsi les
trois divisions que nous avons adoptées.

APERÇU HISTORIQUE

I. — L'IMPÔT DES MUTATIONS PAR DÉCÈS CHEZ LES ROMAINS

L'impôt des mutations par décès ne date pas d'aujourd'hui ; il fut établi à Rome sous le règne d'Auguste (6. ap. J. C.), sous le nom de *vicesima pars hereditatum*.

Les textes romains sur la *vicesima pars hereditatum* sont rares (1). Les œuvres des jurisconsultes de l'époque classique (commentaires de Gaius, sentences de Paul, règles d'Ulpien) ne traitent que du droit privé. Le droit public et le régime financier ne nous sont connus que par les compilations de Justinien. Celles-ci ne s'occupent que du droit en vigueur à l'époque de leur rédaction, et bien que la date de la suppression de la « *vicesima pars hereditatum* » soit

(1) Wahl. Thèse de doctorat. 1886 . « L'impôt des mutations par deces en droit romain ».

incertaine, aucune trace de cet impôt n'existe à l'époque de Justinien.

Les œuvres de ce dernier ne contiennent pas de renseignements précis sur notre matière, mais on y rencontre certains textes que l'interprète peut y rattacher. Les principaux sont cinq fragments du Digeste, extraits d'un commentaire d'Œmilius Macer, jurisconsulte du III° siècle « *ad legem vicesimam hereditatum* ». Mais Tribonien et ses collaborateurs n'ont pas transcrit ces passages sans les détourner de leur sens primitif.

Une constitution de Justinien, qui figure au Code (1), traite des formalités qu'avait nécessitées la perception de l'impôt et constate que la *lex vicesima* a cessé d'être en vigueur. Enfin un texte des sentences de Paul (2) est intitulé *de vicesimâ ;* il n'y est question que de formalités relativès à l'ouverture des testaments.

Les textes littéraires sont également en petit nombre.

Dion Cassius, écrivain du II° siècle, ne traite de l'impôt qu'au point de vue de son histoire (3).

Quelques passages du Panégyrique de Trajan exaltent les modifications apportées par ce prince à notre impôt (4).

(1) L. III, C, *De edicto divi Hadriani tollendo,* VI, 33.

(2) Paul, *Sentences.* liv. 4. tit 6.

(3) Dion Cassius, traduction Gros. Paris 1866, Didot, LV, 25 et LXXVII, 9, t 7. p 655 et suiv, et t. 10, p. 345.

(4) Pline le Jeune. Panégyrique. §§ 37 et 40.

Telles sont les principales sources à l'aide desquelles il soit possible de reconstituer la théorie de la *vicesima*.

Sans entrer dans les conjectures dont le résultat serait d'attribuer la création d'un impôt sur les successions à la loi *Voconia*, nous nous reporterons au passage de Dion Cassius, relatif à la création de la *vicesima* (1). Auguste voulait, par de nouveaux impôts, alimenter un *ærarium militare* destiné à l'entretien d'armées permanentes, il réussit à réaliser son désir malgré l'opposition du sénat, rebelle à toute aggravation fiscale.

Le nouvel impôt était encore en vigueur à une époque assez éloignée de son établissement ; on en retrouve des traces sous le règne de Caracalla et de son successeur Macrin (2).

A dater de cette époque aucun vestige n'en a été découvert, aucun document n'en fait mention.

La constitution du Code Justinien que nous avons mentionnée, confirme une partie d'un édit d'Adrien, relatif à l'envoi en possession des héritiers testamentaires et déclare abroger la partie de cet édit, relative à la *vicesima,* qui avait disparu de la législation (3).

---

(1) Dion Cassius. même source, LV, 25 t. 7 p. 655 et suiv.

(2) Dion Cassius. id , LXXVII, 9, t. 10 p 345.

(3) « *Edicto divi Hadriani quod sub occasione vicesimæ partis hereditatis introductum est penitus quiescente quia et vicesima hereditatis ex nostra recessit republica* », L III C VI 33

Il est donc certain que cet impôt n'existait plus sous le règne de Justinien.

Les successions modiques étaient affranchies de tout droit : on considérait comme telles celles dont la valeur ne dépassait 100,000 sesterces.

Les *decem personnæ* échappaient également à l'impôt (1) ; cette catégorie de successeurs comprenait le père et la mère, aïeul et aïeule, fils et fille, petit-fils et petite-fille, frère et sœur du défunt. L'esprit de la loi romaine n'était pas celui qui règne actuellement. Il avait conduit les législateurs à admettre l'affranchissement de toute une classe de successibles, conformément aux lois que la nature leur dictait. Aujourd'hui, les ascendants et descendants ne sont favorisés que par l'octroi d'un tarif plus restreint.

Le taux uniforme de la *vicesima* était d'un vingtième de la succession, c'est-à-dire de 5 o/o. L'assiette de l'impôt était plus logiquement établie qu'elle ne l'est actuellement par notre loi fiscale qui perçoit un tarif variable selon le degré de parenté. Lorsque l'importance de la chose transmise est invariable, la garantie ou la protection accordée par l'Etat a toujours le même prix. L'application rigoureuse de ce principe devrait conduire à la perception d'une taxe uniforme, quel que soit le degré de parenté.

La loi Julia s'appliquait non seulement aux

(1) Panégyrique de Trajan, §§ 37 et 39.

successions testamentaires mais encore aux successions *ab-intestat*. Elle atteignait tous les citoyens romains.

« La *vicesima pars hereditatum* frappe aussi sans contredit les citoyens des provinces comme elle frappe les Italiens eux-mêmes, car cet impôt a été inventé par Auguste, par manière de compensation (6. P. C.) et pour que l'Italie prît sa part des charges publiques au lieu de tout rejeter sur les provinces. Tous les citoyens romains sont donc soumis à la *vicesima*, les Italiens comme les citoyens des provinces et même on pourrait dire à plus forte raison, et il n'y a pas une seule raison pour en exempter les villes qui ont reçu le *Jus italicum* (1). »

Caracalla, par une constitution célèbre, dernier acte terminant la série de ceux qui étendirent peu à peu le domaine de la cité romaine, accorda le droit de cité à tous les habitants de l'empire. « *In orbe romano qui sunt*, dit Ulpien, *ex constitutione imperatoris Antonini cives romani effecti sunt* (2). »

Les mesures accessoires dont l'empereur accompagna la création du nouvel état de choses font ressortir quel était son but. Une large atténuation de l'exemption dont jouissaient les proches parents, l'extension de la *vicesima* aux

---

(1) Beaudoin . « *Le Jus italicum* », p. 57.
(2) L 17, D , *De statu hominum*, 1, 5.

donations entre vifs et surtout l'élévation du
tarif qui, du vingtième, passa au dixième, sont
autant de faits prouvant la fiscalité de la décision impériale (1).

La législation fiscale en matière successorale
imposait à chaque héritier une taxe proportionnelle à la part qu'il recueillait.

La taxe du vingtième était-elle prélevée sur
l'actif brut de la succession ou bien la perception ne s'effectuait-elle qu'après la déduction des
dettes ?

Les frais funéraires, considérés comme faits
par le défunt et non par l'héritier étaient déduits (2).

On entendait par frais funéraires toutes les
dépenses faites avant l'inhumation dans le but
de ménager une sépulture au défunt. Le fisc ap-
préciait si les frais funéraires n'étaient pas ex-
cessifs, et l'empereur Trajan, pour mettre fin à
l'intervention des publicains, leur interdit de

(1) Le nom de *decima hereditatum* est donné a l'impôt par
Ulpien contemporain de la reforme de Caracalla « *Mosaicarum
et romanarum legum collatio* », titre XVI *De legitimâ succes-
sione*

(2) L 37, D. « *De religiosis et sumptibus funerum* » XI 7.
Ce texte, place dans le titre « *Ad legem falcidiam* » qui resume
l'ensemble des regles en vigueur pour la liquidation de la quarte
Falcidie, n'est en réalite qu'un fragment d'Æmilius Macer extrait
de son commentaire sur la *vicesima*. Il détermine donc ce qu'il
faut envisager comme frais funéraires au point de vue de notre
impôt — Wahl. These 1886 p 60

limiter eux-mêmes la somme qui devait être consacrée à cet objet. Cette mesure, trop favorable aux redevables, fut rapportée par Adrien. Depuis cet empereur, il ne fut plus permis de faire entrer en déduction que les frais seuls de l'édifice destiné à protéger les restes du défunt.

Le principe de la déduction était-il également admis pour les charges autres que les frais funéraires ? Une réponse affirmative à la question nous est donnée par MM. Serrigny et Vigié (1).

Ces auteurs admettent que l'équité commandait une telle solution : en effet, l'héritier continuateur de la personne du défunt ne profite en réalité que de l'actif net et la règle « *Bona non intelliguntur nisi deducto œre alieno* » devait s'appliquer en matière fiscale comme en matière civile. Cette considération ne résiste pas à cette remarque que les seuls principes dont s'inspire le fisc et dont il s'est inspiré dans tous les temps sont la préoccupation et le désir de faire rentrer le plus d'argent possible dans les caisses du Trésor.

Un argument beaucoup plus sérieux est celui qu'on tire d'un rapprochement entre la loi Julia Vicesima et la loi Falcidie. Justinien appliqua au calcul de la loi Falcidie la déduction des

---

(1) Serrigny Droit public romain, tome II, p. 173, Paris 1862. Vigié Etude sur les impôts indirects romains, p. 31. Paris 1881

frais funéraires expliquée d'abord par Æmilius
Macer à propos de la Vicesima hereditatum.
En outre, l'évaluation à donner aux legs
d'aliments était la même pour l'application, soit
de la loi des successions, soit de la Falcidie (1).
Or la quarte Falcidie se calculait sur l'actif net
de la succession (2). Pour que la ressemblance
fut complète, il faut donc admettre que les dettes étaient déduites de la masse successorale.

Cet argument, tiré de l'analogie de la quarte
Falcidie et de la loi du vingtième, est réfuté par
M. Wahl (3). S'il ne conteste pas en principe
l'existence de certains points de ressemblance
dans le calcul des deux masses, du moins
M. Wahl fait-il remarquer que la situation des
intéressés était trop différente dans les deux cas
pour que la déduction se produisît également
dans le calcul du vingtième et dans celui de la
quarte Falcidie. Nous remarquons en effet avec
M. Wahl, que la déduction aurait présenté des
difficultés excessives et qu'on ne saurait admettre que le publicain eut pu demeurer seul souverain juge de la détermination des dettes comme

(1) C'est ce qui resulte d'un fragment de commentaire d'Æmilius Macer insere au Digeste au titre de la Falcidie. L 68. D.,
XXXV. 2

(2) Institutes de Justinien § 3, liv II, tit. 22 . « Ante deducitur
œs alienum, item funeris impensa et prœtia servorum manumis-
sorum ».

(3) Thece. p. 54 et suiv

il l'était probablement pour l'évaluation des biens.

S'il était naturel que le calcul occasionné par la quarte Falcidie ait comporté la déduction des dettes, il semble peu admissible que cette pratique se soit appliquée dans les rapports de l'héritier et de l'administration. Dans le premier cas, la lutte était entre personnes privées, les héritiers d'un côté, les légataires de l'autre, il n'y avait aucune raison de favoriser les premiers plus que les seconds. Dans le second cas, il s'agissait d'une taxe à acquitter entre les mains du Trésor ; les raisons d'équité devaient s'évanouir devant la nécessité de faire rendre à l'impôt le plus possible.

Il est intéressant de connaître la façon dont procédait le fisc à Rome, en cas de transmission d'usufruit ou de nue-propriété, parce que le législateur français est à la veille de modifier la loi sur ces deux points. Demandons-nous si le procédé actuel qui consiste à évaluer l'usufruit à la moitié de la valeur de la pleine-propriété était en usage chez les romains.

Et d'abord, chaque ayant-droit, héritier, légataire, fidéicommissaire ou donataire mortis-causa, supportait l'impôt proportionnellement à la part qu'il recueillait. Il est vrai que le testateur pouvait modifier cette règle de contribution, en affranchissant par exemple le légataire de la vicesima sur la valeur léguée et en mettant la totalité de l'impôt à la charge de l'héritier.

Mais la question devenait délicate lorsqu'il s'agissait de legs dont la valeur exacte ne pouvait pas être connue au jour du décès du testateur : tels étaient les legs d'usufruit ou d'aliments. Dans une semblable libéralité : la valeur de la chose est incertaine parcequ'on ignore quand prendra fin la jouissance léguée. Même constitué à temps, un usufruit est de valeur inconnue, car le terme assigné ne constitue qu'un maximum qui peut ne pas être atteint.

Macer nous apprend comment les romains avaient établi dans ce cas un système de probabilités dans le but de répartir équitablement l'impôt entre l'héritier et le légataire. Il nous dit qu'Ulpien avait fixé le montant de la taxe d'après l'âge de l'usufruitier (1).

Si le légataire a de 1 à 20 ans, on suppose qu'il vivra 30 ans ; s'il a de 20 à 25 ans, il est présumé devoir vivre 28 ans ; 25 ans s'il a de 30 à 35 ans, 22 s'il a de 35 à 40 ans, enfin 20 s'il a de 40 à 45 ans. S'il a de 45 à 50 ans on présume qu'il vivra autant d'années moins une qu'il lui en manque pour avoir 60 ans. De 50 à 55 ans on lui suppose 9 ans à vivre, de 55 à 60 ans, 8 ans au-dessus de 60 ans : 5 ans.

L'impôt était calculé en principe sur le nombre d'années pendant lesquelles le légataire avait à

(1) L 68 D . XXXV 2.

jouir de l'usufruit (1). On distinguait alors trois périodes . 1° de 1 à 30 ans l'impôt était calculé sur 30 années de jouissance ; 2° de 30 à 60 ans la taxe était établie d'après le nombre d'années qu'avait à vivre le légataire avant de pouvoir atteindre 60 ans ; 3° Au dessus de 60 ans, on basait la perception de l'impôt sur une probabilité de cinq années de jouissance.

L'usufruit légué à une cité, personne non sujette à disparition était de 100 ans en droit civil (2). Il était estimé au point de vue de l'impôt à trente années de jouissance (3).

Le nu-propriétaire ne devait l'impôt que dans la mesure où l'usufruitier ne l'avait pas payé. Il acquittait donc une taxe d'autant plus élevée que la jouissance de l'usufruitier était plus courte.

Les romains avaient une méthode de calcul plus équitable que la nôtre. Le législateur français évalue invariablement l'usufruit, quel que soit l'âge de l'usufruitier à la moitié de la valeur de la pleine propriété. Les romains faisaient au moins varier cette valeur avec l'âge du titulaire de l'usufruit.

(1) L 68, D., XXXV, 2.

(2) « *Quia is finis vitæ longævi hominis est* ». L 56, D., VII, 1.

(3) « *Sic denique et si Reipublicæ vsufructus legetur, sive simpliciter, sive ad ludos triginta annorum compvtatio fit* » L. 68 D XXXV 2 *in fine*

L'impôt devenait exigible à dater de l'envoi en possession que l'héritier pouvait demander dans le délai d'un an. Un édit d'Adrien donna à l'héritier la faculté d'être envoyé en possession sur la simple présentation d'un testament régulier en la forme.

En résumé, la *vicesima pars hereditatum* nous apparaît sous l'aspect d'un impôt modéré, dont les règles de perception étaient dictées par l'équité et l'humanité. Nous avons rencontré en effet l'exemption des proches parents, l'immunité des successions pauvres, la déduction du passif (sauf controverse), l'évaluation des deux démembrements de la propriété, usufruit et nue-propriété d'après leur valeur au moment de la transmission. Un grand nombre de réformes actuellement en projet se rattachent aux points que nous avons signalés et tendent toutes à modeler les règles de perception de notre régime actuel sur le système romain.

II. — Les profits Féodaux

La *vicesima pars hereditatum* n'existait plus depuis plusieurs siècles, au moment où les barbares s'établirent sur les ruines de l'empire romain. Lors de cet établissement, le régime fiscal de l'empire avait été renversé, et les droits de mutation que nous rencontrons au Moyen-Age (1) ne sont pas issus de source romaine, mais de la nature du régime féodal. Les droits de mutations par décès actuellement existants ne dérivent pas de la législation romaine. les profits féodaux n'en ont été que les germes lointains.

Les profits de mutation qu'on rencontre à l'époque féodale tirent leur raison du régime foncier de la féodalité.

La propriété qui était tenue d'un seigneur devait être reprise par lui chaque fois qu'elle changeait de possesseur : elle n'était qu'une espèce d'usufruit se renouvelant à tout changement d'usufruitier. De là ces droits de *rachat*, de *relief*, de *quint*, de *lods et ventes* qui se percevaient à chaque mutation de fief ou de censive.

(1) Des historiens du Languedoc citent des documents de l'an 956 qui prouvent que déjà à cette époque les seigneurs percevaient des droits sur les transmissions de propriété. Vignes Edouard : « Traité des impôts en France », tome I p. 324.

Les besoins de l'Etat occasionnèrent au commencement du XVIIIᵉ siècle, l'établissement d'une taxe de mutation plus largement assise : l'impôt du centième denier.

Les actes translatifs de propriété immobilière furent assujettis à une *insinuation* qui était accompagnée de la perception d'une taxe du centième de la valeur des biens transmis. Les mutations par succession testamentaire ou *ab intestat* furent soumises à une déclaration servant de base à un droit semblable. Ce droit du *centième denier* est le véritable point de départ des droits de mutations par décès perçus à l'époque actuelle.

A. — *Du droit de relief ou de rachat*

L'organisation de la propriété foncière pendant l'époque féodale se ramène à une hiérarchie des terres placées sous la dépendance les unes des autres. Au bas de l'échelle se trouvent les terres roturières ou *censives*, plus haut les terres nobles ou *fiefs*, et dominant cet ensemble, les biens de la couronne regardés comme un fief tenu de Dieu. Aucune terre en principe ne pouvait échapper à cette classification.

La propriété n'est plus au Moyen-Age le *dominium* absolu des romains. En thèse générale, le possesseur d'un bien fonds ne peut en disposer sans le consentement du seigneur détenteur de

la jouissance. Pour cette raison, tout nouvel
acquéreur devait lui demander *l'investiture* de
sa nouvelle possession. Cet usage qui s'analy-
sait en une pure formalité, cessa bientôt d'être
nécessaire d'abord pour la transmission des censives, ensuite pour celle des fiefs. Toutefois, les
droits perçus à son occasion lui survécurent.

La propriété fut scindée en deux éléments. Les
légistes établirent la théorie du *domaine éminent* et du *domaine utile* afin de justifier la
survivance de la redevance à l'investiture. Le
seigneur qui a concédé une terre à fief ou à
censive n'a donné au possesseur qu'une partie de
la propriété : le domaine utile, il a gardé par
devers lui le domaine éminent. L'attribution de
ce dernier aux seigneurs, servit de principe et
de fondement aux droits maintenus à leur bénéfice comme profits de mutation. Le propriétaire du domaine éminent avait droit à un profit dans tous les cas de mutation de fief. C'était
le profit de *quint* en cas de vente, de *relief* ou
de *rachat* en cas de mutation par décès. Le
possesseur d'une censive n'était astreint au paiement du droit qu'en cas de vente ; il devait acquitter le droit de *lods et ventes*.

Nous n'étudierons que les profits de *relief* ou
de *rachat*, les seuls qui nous intéressent.

Le droit de *relief* ou de *rachat* atteignait
toutes les mutations de fiefs autres que la vente,
notamment les mutations à cause de mort.

Cette dénomination de *relief* venait de ce que le fief tombait à la mort du vassal dans la main du seigneur et que la redevance payée par l'héritier avait pour but de le relever. Elle ne frappait que les mutations en ligne collatérale (1). Les transmissions successorales en ligne directe étaient épargnées.

A l'origine, les seigneurs devaient fixer selon leur bon plaisir le montant du relief. L'arbitraire du maître devait exister en cette matière comme dans les autres branches des droits féodaux, c'est pourquoi le droit perçu était désigné sous le nom caractéristique de *placitum* ou *plaît*. Plus tard, les coutumes règlementèrent les profits sur des bases uniformes. La redevance consista désormais dans le droit du seigneur de jouir pendant une année des revenus du fief (2). Il pouvait s'il le préférait réclamer en argent une somme équivalente à une année de revenu (3).

La rigueur de ce système était atténuée par le principe de la restitution des droits acquittés par suite d'erreur (4). Il n'existait pas comme au-

---

(1) Institutes coutumieres d'Antoine Loysel, liv IV. tit, III. § 12.

(2) Eusebe de Lauriere Glossaire du droit français, v° *Rachapt ou relief*, edit. de 1704, p. 268, Paris.

(3) Dans ce cas, une estimation devenait nécessaire Loysel liv IV tit III § 13.

(4) Loysel, liv. IV. tit. III, § 40.

jourd'hui de texte législatif conservant au trésor le bénéfice des sommes perçues quels que fussent les événements ultérieurs.

Lorsqu'un fief avait été l'objet de mutations réitérées pendant une même année, le profit de *relief* n'était dû qu'une seule fois pour toutes les transmissions intervenues pendant cet espace de temps (1).

Les transmissions immobilières étaient seules atteintes. Les alleux échappaient au relief ainsi qu'à tous autres droits. La fortune immobilière était seule prise en considération. Le dédain pour la fortune mobilière se rencontrait en matière fiscale comme en matière civile (2).

Il nous reste à indiquer les moyens assurés au seigneur pour le recouvrement du droit de relief. La règle était qu'il ne pouvait pas procéder par voie d'autorité ; il n'avait qu'une action civile ordinaire contre l'acquéreur du bien, qui était débiteur du profit. Mais comme le profit était dû pour ainsi dire par le fief lui-même, le seigneur

(1) Loysel, liv. IV, tit. III, § 18. « Si plusieurs rachats échéent en une année par contrats de vassaux, ils auront lieu, si par leur deces, n'en sera dû qu'un ».

(2) Ce dedain de la propriété mobilière a persisté longtemps dans notre legislation tant fiscale que civile le centieme denier ne fut perçu que sur les transmissions immobilieres, et les droits de succession modernes ne frappaient que très faiblement les successions mobilieres. [Loi de frimaire an VII.] Il faut arriver à la loi du 18 mai 1850, art. 10 pour trouver une assimilation complete des meubles aux immeubles devant la loi fiscale.

2

avait une action réelle, comportant droit de suite contre les possesseurs successifs du bien (1).

La comparaison de l'impôt moderne des droits de mutation par décès avec les profits de relief montre qu'il existait peu d'analogie entre eux. Les profits féodaux n'étaient pas un impôt dans l'acception scientifique du mot, ils n'étaient qu'une conséquence des principes constitutifs de la hiérarchie des terres féodales, un produit de la terre et une redevance perçue pour le prix de l'investiture. L'impôt actuel est une obligation personnelle du contribuable.

Les profits féodaux rentraient dans le domaine du droit privé, les droits de succession sont une contribution d'intérêt commun.

De nos jours l'Etat perçoit les contributions publiques en vertu des droits qui lui appartiennent comme étant une entité souveraine, il les demande comme échange des services qu'il rend. Le seigneur percevait le revenu de l'année en vertu d'un droit de propriété supérieure.

B. — *Du centième denier*

Le pouvoir royal considérant l'importance des ressources recueillies par la perception des droits de *relief* et de *rachat* établit une taxe particulière sur toutes les mutations entre vifs ou

---

(1) Cout. de Paris, *art. 24* : « Le seigneur féodal se peut prendre à la chose pour les profits de son fief ».

par décès. Ce fut le *centième denier* ainsi dé-
nommé parce qu'il était du 1 o/o de la valeur
des biens transmis. La création en fut décrétée
par un édit du mois de décembre de l'année
1703.

Pour ôter au centième denier le caractère
d'impôt l'édit de 1703 le présenta comme le sa-
laire de l'insinuation. En même temps, il éten-
dit considérablement le domaine de cette formalité en la déclarant obligatoire pour toutes les
mutations immobilières entre vifs ou par décès à
l'exception des successions et des donations par
contrat de mariage en ligne directe (1).

Cette nouvelle taxe fut justifiée par des raisons
qui représentaient l'insinuation accompagnée du
centième denier comme un moyen devant servir
à procurer la connaissance exacte de toutes les
transmissions. La partie de l'édit de 1703 relative à ce sujet est ainsi rédigée : « Attendu que
rien n'est plus important pour la conservation
tant de nos domaines que de ceux de tous les
seigneurs soit ecclésiastiques ou laïques de notre
royaume, que d'avoir une connaissance exacte
de toutes les mutations qui arrivent dans l'étendue tant de nos mouvances et censives, que de
celles desdits seigneurs, lesquelles doivent nous

(1) *Art. 132.* Ordonnance de Villers-Cotterets rendue en
1539. L'insinuation n'était prescrite depuis cette époque que
pour les substitutions et les donations.

produire ou à eux des droits seigneuriaux, dont nous sommes souvent privés aussi bien qu'eux par le soin que prennent les nouveaux possesseur d'en dérober la connaissance, nous voulons qu'à l'avenir, tout contrat de vente...... soient insinués et enregistrés auxdits greffes des insinuations des bailliages et autres sièges royaux:. Voulons pareillement que les nouveaux possesseurs desdits biens immeubles à titre successif soient tenus de faire leurs déclarations auxdits greffes des insinuations des biens immeubles qui leur seront advenus par successions, et ce, dans six mois du jour de l'ouverture desdites successions, ce que nous n'entendons néanmoins avoir lieu dans le cas de succession en ligne directe, si ce n'est dans les coutumes ou il est dû quelques droits aux seigneurs lors des mutations en ligne directe, auquel cas néanmoins ne sera payé par lesdits successeurs en ligne directe que moitié dudit droit de centième denier...... »

Les successeurs en ligne directe étaient donc affranchis de l'impôt. Dans les coutumes ou le profit de *relief* leur était imposé, le roi percevait la moitié du centième denier. Les édits de 1706 et 1708 étendirent l'immunité de l'impôt à tous les héritiers en ligne directe sans exception ; il en fut de même pour les donataires en faveur de mariage (1).

(1) Bosquet, v^is *Succession* et *Directe*.

En principe, il n'y avait donc que les collatéraux, successeurs légitimes ou testamentaires qui étaient assujettis à la taxe.

Les mutations mobilières étaient affranchies de tout droit. Une déclaration du 27 mars 1748, tenta d'appliquer le centième aux dons et legs de meubles et objets mobiliers en même temps qu'aux mutations d'immeubles fictifs tels que les offices et les rentes constituées. Cette innovation fut de courte durée : une seconde déclaration du 26 décembre 1750 ordonna qu'on revint à la pratique antérieure.

La valeur de la chose frappée de l'impôt s'obtenait par la multiplication du revenu annuel par le coefficient 20. Si les immeubles étaient affermés, il était facile d'en connaître le produit, s'ils ne l'étaient pas, on se reportait aux plus récents contrats dont ils avaient fait l'objet. A défaut d'actes, la déclaration des parties sanctionnée par la possibilité d'une expertise pouvait révéler le revenu des biens.

Les contribuables s'efforcèrent de faire admettre le principe de la déduction des dettes sur lequel les textes étaient muets. Le Conseil du Roi décida toujours d'une façon constante qu'il ne devait jamais être fait distraction des dettes et charges (1).

La loi du 22 frimaire an VII s'est manifeste-

(1) Bosquet, v° *Charges*, § 3.

ment inspirée de la législation du *centième de-nier*, relativement aux principes concernant l'usufruit et la nue-propriété. L'usufruit était en en effet évalué à la moitié de la valeur de la pleine-propriété, c'est-à-dire qu'il était obtenu par la capitalisation du revenu de l'immeuble par le cœfficient 10 (1).

Lorsque l'usufruit était ainsi transmis séparément de la nue-propriété, le bénéficiaire qui recueillait la nue-propriété acquittait néanmoins l'impôt sur la valeur entière de la propriété (2).

Tous les successeurs testamentaires ou légitimes étaient assujettis à l'impôt et devaient faire la déclaration des biens qui leur étaient transmis au bureau du lieu de la situation des immeubles : le tout dans les six mois de l'ouverture de la succession (3).

Les édits de 1703 et 1704 portent que les revenus des biens chargés de l'impôt doivent être spécialement affectés à l'acquittement des droits. La taxe du *centième denier* devait être perçue en une seule fois dans sa complète intégrité et sans fractionnement. Un cohéritier ne pouvait pas s'acquitter sur sa part de succession séparément des autres. La solidarité existait entre tous les redevables.

(1) Bosquet, v° *Prix*.
(2) Bosquet, v° *Usufruit*, n° 7.
(3) Dalloz : Répertoire de législation. v° *Enregistrement*. n° 3691

La comparaison entre les droits de mutation
par décès actuels et le centième denier fait appa-
raître de nombreuses ressemblance entre les
deux. On retrouve aujourd'hui comme au siècle
dernier, la nécessité de la déclaration à fournir par
l'héritier et une règle identique pour l'evaluation
de l'usufruit et de la nue-propriété. Enfin les lois
fiscales actuelles ont hérité du principe de la
non distraction des charges.

C. — *Les abus de l'ancien régime fiscal, son abolition par le droit intermédiaire*

La législation fiscale de l'ancien régime soule-
vait de vives plaintes. Les exactions des fer-
miers généraux et des collecteurs d'impôts se
joignaient aux désordres occasionnés par la
perception cumulative d'un grand nombre de
droits semblables au centième denier tels que les
taxes de sceau, d'ensaisissement, les droits ré-
servés sur les procédures, d'amortissement et de
nouvel acquêt (1). En outre les droits de rachat
et de centième denier étaient perçus simultanément lorsqu'il y avait mutation d'un immeuble
qui n'était pas un alleu.

Le mécontentement fut à son comble lorsque
la perception du centième denier fut confiée à la
ferme générale. Malesherbes a tracé un saisis-

(1) Leroy-Beaulieu : « La science des finances ». t. I, p. 491
et suiv.

sant tableau de la situation dans ses remon-
trances au roi faites au nom de la Cour des
Aides en 1775 : « Le fermier de l'impôt disait-il
est le souverain législateur dans les matières qui
sont l'objet de son intérêt personnel : abus intolérable et qui ne se serait jamais établi si ces droits
étaient soumis à un tribunal quel qu'il fût ; car
quand on a des juges, il faut bien avoir des lois
fixes et certaines........ Un impôt établi sous le
spécieux prétexte d'augmenter l'authenticité des
actes et de prévenir les procès, force souvent vos
sujets à renoncer aux actes publics et les entraîne
dans des procès qui sont la ruine des familles. »
Et plus loin : « Ces prétendues lois sur cette
matière sont si obscures et si incomplètes que
celui qui paie ne peut jamais savoir ce qu'il doit,
que souvent le préposé ne le sait pas mieux et
qu'on se permet des interprétations plus ou moins
rigoureuses suivant que le préposé est plus ou
moins avide (1). »

Le roi Louis XVI s'efforça d'arrêter les abus
qu'on signalait de toutes parts. Un arrêt du
Conseil du 9 janvier 1780, ordonna que la perception serait réunie à celle du domaine proprement dit. Elle fut confiée à une compagnie
intéressée formée sous le nom d'administration
générale du domaine et des droits domaniaux.
Ce mode de régie était le plus avantageux qu'on

(1) Leroy-Beaulieu. p. 491. t. I.

pût établir alors : l'intérêt des administrateurs n'était pas assez grand pour occasionner des excés de zèle, il l'était assez pour que le Trèsor ne perdit rien des droits qui lui étaient acquis (1).

La loi des 5-19 décembre 1790 supprima tous les anciens impôts et ne maintint que deux espèces de droits, les uns sur les actes, les autres sur les mutations de propriété (2). Cette loi fut complétée dans un sens favorable au Trésor par une disposition législative des 29 septembre, 9 octobre 1791 et par un grand nombre de dècrets réglementaires des années 1792 et suivantes.

Cette œuvre de déblaiement accomplie, la place était nette, l'ancien système pouvait être remanié de toutes pièces et remplacé par une nouvelle organisation plus uniforme, moins compliquée. Les bases de la législation nouvelle furent établies sur divers points par les lois des 9 pluviôse an IV, 9 vendémiaire an VI, 26 vendémiaire et 5 frimaire an VII. Ces dispositions furent fondues en un seul acte législatif : la loi du 22 frimaire an VII qui abrogea la législation antérieure. Cette loi est restée le document législatif organique en matière de droits de mutations par décès.

(1) Demante, tome I, n° 10.
(2) Leroy-Beaulieu : « La science des finances », t. I, p. 492.

Bien que les traditions historiques aient été
suivies pour une large part, d'importants changements furent apportés aux droits de mutation
par décès. Nous pouvons en noter trois des plus
importants : le nouvel impôt atteignait les meubles qui avaient échappé au centième denier ; les
successions en ligne directe perdaient l'immunité
dont elles avaient bénéficié dans l'ancien droit,
enfin, le tarif était gradué selon le degré de parenté du successible avec le défunt. Ces principes
sont restés à la base de la législation actuelle
que nous allons maintenant exposer.

PREMIERE PARTIE

———

LÉGISLATION ACTUELLE

———

CHAPITRE PREMIER

—

Légitimité et fondement de l'impôt des mutations par décès

Avant d'arriver à l'étude du fonctionnement actuel de l'impôt, nous nous occuperons des causes et des raisons qui peuvent en légitimer l'existence. Certains économistes ont dit que l'impôt était un mal nécessaire. Cette assertion ne peut s'appliquer à la branche des revenus publics que nous étudions. La contribution de chacun dans les charges de la nation est une condition nécessaire d'ordre et de sécurité. La taxe des mutations par décès est logiquement le prix d'un service rendu. Il ne convient pas de l'appeler un *mal*.

Les raisons de son existence sont appréciées en des sens très différents par les économistes. Toutefois son utilité au point de vue de l'équilibre budgétaire ne saurait être mise en doute. La balance des recettes et des dépenses publiques ne pourrait pas être bien stable si le législateur se contentait des impôts directs et indirects. Les taxes indirectes ne peuvent être accrues au-delà d'une certaine limite sans provoquer la fraude et la disparition de la matière imposable et les impôts directs ne peuvent être démesurément augmentés sans provoquer de graves inconvénients. Les droits sur les mutations par décès présentent un moyen facile d'accroître le rendement des impôts, car ils permettent d'obtenir à peu de frais des ressources par l'imposition des contribuables enrichis par un accroissement de fortune souvent inespéré. L'impôt qui frappe ainsi une augmentation inopinée de fortune ne peut être critiqué (1).

Les diverses théories qui s'appliquent à justifier l'existence de l'impôt des mutations par décès peuvent se résumer à deux. Une école d'économistes la légitime par cette raison que l'Etat qui perçoit une taxe sur les transmissions héréditaires se rémunère d'un service rendu. Il assure aux particuliers la conservation des biens qui leur adviennent par les lois de l'hérédité ou par testament, il est juste qu'il exige d'eux la contre-partie, le prix de la garantie qu'il accorde. M. Leroy-Beaulieu s'exprime ainsi à ce sujet : « C'est l'Etat qui est le garant de toutes les transactions sociales, c'est grâce à son appui, à sa police, à ses tribunaux que les propriétés peuvent passer avec sécurité du père mourant au fils survivant, du propriétaire vendeur au capitaliste acquéreur; c'est grâce à lui aussi que les

(1) Leroy-Beaulieu : « Traité de la science des finances » p 488.

contrats sont respectés, il est donc naturel et
juste que l'Etat prélève une redevance qui équi-
vaut à une prime d'assurance. Cette redevance
est le prix d'un service rendu, d'un service de
premier ordre que l'Etat est seul capable de
rendre. Les contractants dans le cas d'une tran-
saction, les héritiers dans le cas d'une succession
lui paient sa garantie et le concours éventuel
qu'il leur prêtera si l'on venait les troubler dans
l'exécution du contrat ou dans la jouissance de
l'héritage » (1).

D'après une autre école, l'Etat aurait sur le
sol national un droit de propriété supérieur (2),
quelque chose comme un domaine éminent lui
donnant le droit de permettre aux citoyens d'hé-
riter en prélevant une taxe comme prix de cet
octroi (3). Ainsi l'Etat serait le propriétaire pri-

(1) Leroy-Baulieu, id. p. 488.

(2) « L'État, à l'égard de ses membres, est maître de tous leurs
biens par le contrat social, qui, dans l'état, sert de base à tous les
droits ». Jean-Jacques Rousseau, « Le contrat social, » chap. IX,
liv. I.— Robespierre, dans l'art. 7 de la déclaration des droits de
l'homme, voulait faire insérer cette phrase : « La propriété est le
droit qu'a chaque citoyen de jouir de la portion de bien qui lui est
garantie par la loi. »

(3) Il semble que cette idée se soit glissée dans une circulaire
du Grand-Juge du 23 nivôse, an XII, dans laquelle se trouve le
passage suivant : « La nation ne réclame pas les droits de mutation comme créancière, mais plutôt comme portionnaire d'une
partie de cette succession, c'est un prélévement que la loi lui ad-
juge en cette circonstance. » Cette circulaire fait ainsi, du montant des contributions publiques, l'objet d'un droit de propriété
accordé ou plutôt réservé à l'État sur les biens des contribuables.

mitif, la propriété n'est qu'une concession, ou plutôt il n'y a pas de propriété privée mais seulement un droit de possession dont la transmission est toujours subordonnée au prélèvement de l'impôt de mutation qui a été la condition de la première investiture et que l'Etat veut bien substituer à la reprise de l'héritage lui-même.

Cette théorie met en jeu la question toute philosophique de l'origine de la propriété, elle conduit non seulement à se demander si elle est de droit naturel ou de droit civil mais encore si vraiment elle existe. Elle est la conséquence des principes qui ne tendent à rien moins qu'à la nationalisation du sol. Elle conduirait aux pires résultats : l'Etat propriétaire de la totalité de la richesse publique pourrait établir les impôts sans frein ni mesure, obéissant aux seules considérations des besoins du moment. De pareilles conceptions quand elles entraînent de tels corollaires doivent être repoussées (1).

(1) Ces idées sur le fondement de l'impôt sont loin d'être nouvelles. Beaudoin : *le Jus italicum*. p 41 et 42 : « Les anciens n'avaient point ces idees, ils voyaient dans l'impôt. en général. le signe de la defaite, le rachat par les vaincus du droit que les vainqueurs avaient alors de s'emparer des personnes et des biens. » et plus loin : « Ainsi le *tributum soli*, a dans les idees romaines, le caractere d'une véritable redevance. autrement dit, d'une rente fóncière, et les économistes, qui en petit nombre ont repris cette idée de nos jours, croyant inventer une doctrine neuve, ne se doutent pas, peut-être, qu'ils ramenent l'économie politique au droit de la conquête et aux plus pures théories du plus ancien droit quiritaire. »

Les partisans de ces doctrines rêvent d'ailleurs l'accaparement des terres par l'Etat au moyen du doublement ou même du triplement des droits de mutation en ligne collatérale. Ce but ne pourrait pratiquement jamais être atteint, car, ainsi que le fait remarquer M. Leroy-Beaulieu, « le fisc sera ainsi la dupe de sa rapacité, même dans le cas où le défunt n'aurait recours à aucun moyen pour empêcher l'Etat de se saisir d'une trop forte part de l'héritage, le droit étant énorme provoquera de la part des héritiers une grande fraude, de fausses déclarations, des dissimulations de valeurs, au besoin même peut-être la corruption des agents du fisc » (1).

Il est plus équitable d'établir le droit de percevoir l'impôt sur l'idée d'un service rendu par l'Etat. De la sorte, on est conduit à admettre que la rémunération doit être équivalente au service, c'est-à-dire lui être proportionnelle. En un mot, elle doit être limitée. On laissera intacte dans son intégrité l'existence du droit héréditaire et les particuliers ne puiseront pas leur droit à l'hérédité dans une concession de l'Etat, mais dans le droit naturel, ce qui sera toujours utile à la Société dans son ensemble (2).

(1) Leroy-Beaulieu, « Le collectivisme » p 185 et s.
(2) Leroy-Beaulieu « Le collectivisme » p. 185 — « Ou l'hérédité est un droit naturel et un droit civil, alors c'est bien une faute de la restreindre par des impôts qui prélèvent plus qu'une partie du revenu du bien transmis ou l'hérédité n'est pas un

La Cour de cassation a du reste, par cinq de
ses arrêts des 23 et 24 juin 1857 (1) réfuté cette
fausse conception de la propriété et de l'usufruit,
Nous extrayons du rapport du *conseiller* Laborie les passages suivants :

« Le droit de mutation par décès n'a pas de
garanties particulières qui procèdent de son
origine ou qui soient inhérentes à sa nature ; s'il
est possible de le rattacher historiquement par
quelques traits d'analogie à certaines redevances
féodales, telles que celles de relief ou de rachat,
il en diffère essentiellement par son principe et
par son objet. En effet, ces redevances, supposant une concession primitive dont elles auraient
été la condition et le prix, impliquaient une
division de la propriété féodale en deux parts :
l'une dominante qui, sous le nom de domaine
direct ou éminent, restait au suzerain ; l'autre,
subordonnée et dépendante qui, sous le nom de
domaine utile, avait été seule l'objet de la concession et ne devait passer aux successeurs du
concessionnaire que sous la condition d'une

droit naturel et ne présente aucun intérêt social : alors, il faut la
supprimer complètement et dans tous les cas. C'est d'ailleurs une
affirmation absurde, que l'hérédité ne soit pas un droit et n'offre
pas à la société, dans son ensemble des avantages énormes beaucoup plus grands, à tout prendre, que ceux dont profitent les
individus »

(1) Cass , cinq arrêts des 23 et 25 juin 1857.— S. 57,1,401
et s rapport du conseiller Laborie.

investiture présumée. Représentant ainsi aux mains du seigneur le caractère le plus élevé du droit de propriété, elles constituaient, par une conséquence de leur origine et par leur objet, un droit réel contre lequel ne pouvait prévaloir aucun droit du chef du vassal. Toutefois cette théorie, contraire à l'essence même du droit de propriété, n'était point absolu et s'appliquait seulement à la propriété inféodée, respectant ainsi la plénitude et l'indépendance de ce droit dans la propriété allodiale, soit qu'elle fut constituée par un titre, là ou dominait la maxime : *nulle terre sans seigneur*, soit qu'elle fut de droit en l'absence d'un titre d'inféodation, là où avait prévalu la maxime : *nul seigneur sans terre*. L'impôt de mutation par décès n'offre avec ces anciennes redevances aucun trait juridique de ressemblance ; pour lui attribuer le caractère d'un droit réel devant s'exercer à titre de prélèvement plutôt qu'à titre de créance sur les biens à déclarer, il faudrait, à défaut d'une loi, le supposer dérivant d'un droit de propriété ou de copropriété de l'Etat, et le considérer comme la condition d'une concession primitive et le prix d'une investiture nécessaire à chaque mutation. Une semblable thèse, empruntée au régime féodal avec une extension qu'elle ne comportait pas même alors, serait non seulement un démenti à la vérité historique, mais aussi une négation de tous les principes de notre Droit public et de notre Droit civil, soit sur la nature et les conditions d'existence de l'impôt, soit sur la plénitude et l'indépendance du droit de propriété. »

Et plus loin se rencontre la réfutation suivante : « Comment rattacher cet impôt à l'idée d'un droit primordial de propriété de l'Etat ou du prince ? Comment y voir le signe et la conséquence d'une propriété mi-parfaite et asservie dans les mains des particuliers ? Comment, en un mot, le faire dériver du domaine éminent du prince ou de l'Etat ? Ne serait-ce pas mentir à l'histoire même de nos institutions nouvelles, de notre émancipation sociale et ressusciter entre le domaine *éminent* ou *direct* et le domaine utile une distinction, une séparation que le droit de propriété ne comporte plus depuis qu'il a recouvré ses imprescriptibles titres de légitimité naturelle ?

Est-il besoin de rappeler qu'un des derniers soins de l'Assemblée Constituante fut de sanctionner par une application nouvelle le principe d'émancipation qu'elle avait proclamé dans la nuit célèbre du 4 août 1789 et d'exprimer dans l'article 1 de la loi du 26 décembre 1791 que « le territoire de la France dans toute son étendue est libre comme les personnes qui l'habitent ; qu'ainsi toute propriété territoriale ne peut être assujettie envers les particuliers qu'aux redevances et aux charges dont la convention n'est

pas défendue par la loi, et envers la nation
qu'aux contributions publiques établies par le
Corps législatif et aux sacrifices que peut exiger
le bien général sous la condition d'une juste et
préalable indemnité » ? Est-il besoin de rappeler aussi que par son décret du 25 août 1792
(*art. 1 et 2*), l'Assemblée législative consacrant
les conséquences de ce grand principe d'émancipation declara non avenus tous les effets qui
pourraient avoir été produits par la maxime
« *nulle terre sans seigneur* » et déclara que
toute propriété était réputée franche et libre de
tous droits. tant féodaux que censuels? Faut-il
ajouter que le droit de propriété tel que les lu-
mières d'une saine philosophie l'ont montré au
législateur moderne « n'est pas le résultat d'une
convention humaine ou d'une loi positive, qu'il
est dans la constitution même de notre être et
dans nos différentes relations avec les objèts qui
nous entourent ; et que l'on doit se méfier des
systèmes dans lesquels on ne semble faire de
la terre la propriété commune de tous que
pour se ménager le prétexte de ne respecter les
droits de personne », (Portalis, *exposé du titre
de la propriété*).

Cette doctrine est celle de notre Code civil qui
la formule avec une énergique précision dans
ses articles 544 et 545 « *La propriété est le
droit de jouir et disposer des choses de la
manière la plus absolue* », « *Nul ne peut être*

contraint de céder sa propriété si ce n'est pour cause d'utilité publique et moyennant une juste et préalable indemnité ». -

Un certain nombre d'économistes qui préconisent la formule financière d'un impôt général sur le revenu ont désapprouvé les taxes dont nous allons nous occuper. A les entendre, le droit de mutation opposerait un obstacle extrêmement sérieux à la circulation des biens et à la liberté des transactions, serait inégalement réparti et favoriserait la fraude.

Ces objections ne doivent pas être prises à la lettre. L'impôt des mutations quelles que puissent être ses défectuosités a tout au moins l'avantage important au point de vue économique d'épargner la richesse en voie de formation et de ne frapper que la fortune acquise, le capital consolidé au moment où il se manifeste par un transfert. Il n'exerce d'ailleurs qu'une influence limitée sur l'activité des transactions : c'est principalement à des causes d'ordre économique telles que la dépréciation de la propriété foncière, l'appauvrissement du capital agricole qu'il convient de rattacher les fluctuations des transmissions immobilières. Toutefois, il ne faut pas aller jusqu'à dire que le droit de mutation représente le prix des avantages de la propriété, la prime d'assurance du nouveau possesseur et constitue le meilleur mode de placement.

Nous ne pouvons nous abstenir de reconnaître

les avantages particuliers de l'impôt des mutations. Il atteint en effet le contribuable d'une
manière directe et le met à l'abri de toute chance
d'erreur et de résultats contraires à une équitable proportion. Il ne se règle pas comme la contribution personnelle et mobilière où l'impôt des
portes et fenêtres sur des signes extérieurs de
richesse plus ou moins probants et qui ne sont
bien souvent qu'un indice incertain des facultés
de chacun.

L'impôt successoral enfin frappe les contribuables sans distinction, il atteint une valeur
sans considération de la personne qui la recueille
et de sa situation de fortune.

CHAPITRE II

—

Exigibilité des droits de mutation
. par décès

Les droits de mutation par décès sont acquis au Trésor et se trouvent irrévocablement fixés au moment où d'après les principes de la loi civile, la transmission s'est opérée.

La loi fiscale n'a pas expressément établi de règles particulières à l'égard de la date des mutations et des moyens de la fixer.

Relativement aux mutations par décès, c'est l'instant de l'ouverture de la succession qui doit être pris en considération. Cette décision ne saurait être différente dans les successions testamentaires parce que, quelle que soit la date du testament, il ne produit son effet qu'au jour même du décès. Il est supposé l'expression de la dernière volonté du défunt et ne revêt ce caractère qu'au moment de la mort.

Nous étudierons dans quels cas il y a mutation par décès, la preuve de l'ouverture de la succession, la renonciation à succession et diverses successions régies par des règles spéciales.

Section première

Dans quels cas il y a mutation par décès

La succession est un mode d'acquisition de la propriété à titre gratuit (1); considérée comme moyen d'acquérir la succession est l'action de succéder à une personne, c'est-à-dire de prendre la place qu'elle laisse vide par son décès et de la représenter dans tous ses biens, dans tous les droits et dans toutes les charges qui peuvent passer à un successeur.

Il existe deux manières de succéder : l'une par la disposition de la loi, l'autre par la volonté de l'homme. La première s'appelle légitime parce qu'elle fait passer les biens du défunt aux personnes qui se trouvent appelées par la proximité du sang ou de la parenté, selon l'ordre établi par la loi.

Les successions déférées par la volonté de l'homme viennent des institutions d'héritier, lesquelles ont lieu par testament ou, dans certains cas, par contrat de mariage. La loi civile reconnaît ainsi trois sortes de successions : les légitimes, les testamentaires et les contractuelles. La loi fiscale ne fait aucune distinction entre ces trois modes de succéder, ou du moins elle les a

(1) *Art* 711, C civ.

astreints aux mêmes droits par une même disposition ; elle les comprend sous la dénomination
générale de *mutations par décès* et les désigne
expressément en ajoutant « *soit par succession,
soit par testament ou autres actes de libéralité à cause de mort* » (1). Nous les passerons
successivement en revue en commençant par les
dispositions testamentaires.

Le principe dominant dans toute succession
est la volonté de l'homme. Toutes les successions
sont, en définitive, testamentaires en ce sens
que la loi exprime le testament présumé de toute
personne qui décède sans avoir formulé ses
dernières volontés (2).

Les dispositions par lesquelles sont réglées
ces dernières volontés rentrent dans la catégorie
des legs.

Le legs universel est « la disposition testamentaire par laquelle le testateur donne à une
ou plusieurs personnes l'universalité des biens
qu'il laissera à son décès » (3).

Le legs à titre universel « est celui par lequel
le testateur lègue une quote-part des biens dont
la loi lui permet de disposer, telle qu'une moitié,
un tiers, ou tous ses immeubles, ou tout son

---

(1) *Art.* 33. Loi du 21 avril 1832,
(2) Treilhard . Exposé des motifs du titre des successions.
(3) *Art.* 1003, C. civ.

mobilier, ou une quotité fixe de tous ses immeubles ou de tout son mobilier » (1).

« Tout autre legs ne forme qu'une disposition à titre particulier » (2).

Le legs est un moyen d'acquérir (3) et par suite une disposition translative ; il est la transmission que la loi fiscale tarife sous la dénomination générale de mutation par décès.

La succession légitime ne s'ouvre plus que par la mort naturelle (4). Elle constitue un moyen de transmettre et d'acquérir (5) et c'est sous ce rapport que la loi fiscale l'envisage, ainsi que l'indique la dénomination de *mutation par décès* sous laquelle elle a tarifé l'herédité

L'exigibilité du droit suppose donc l'existence d'une mutation et d'un décès qui la produit. Le décès n'est pas toujours la cause immédiate de la transmission ; il peut être pris pour terme ou pour condition dans une convention translative entre-vifs ; dans ces deux cas, la mutation n'a pas pour titre la succession, mais le contrat dans lequel le décès est prévu. Le vendeur d'une maison livrable à son décès transfère la propriété dès le jour du contrat. L'objet de la transmission n'est qu'une possession que la loi fiscale ne

(1) *Art.* 1010, C. civ.
(2) *Art.* 1010, C civ. *in fine.*
(3) *Art.* 711 et 1014, C. civ.
(4) Loi du 31 mai 1854.
(5) *Art.* 711, C. civ,

considère pas et dont la distraction n'a pas empêché la perception du droit de vente. Le décès n'est pas le titre du droit de l'acquéreur de la propriété, la mutation n'est pas par décès.

Les héritiers réservataires ne reçoivent pas à titre successif l'excédent de la quotité disponible obtenue par l'effet d'une réduction opérée sur les donations entre-vifs faites à des tiers non successibles. L'orateur du Gouvernement s'exprimait ainsi sur l'art. 950 du Code civil : « L'action de l'héritier contre le donateur et les biens donnés qui sont l'objet de ce recours sont également étrangers à la succession. Le titre auquel l'héritier exerce ce recours remonte au temps même de la donation. » Jaubert, dans son rapport au Tribunat, disait également : « Mais si la réduction est exercée par ceux au profit desquels la loi fait une réserve, ces derniers seront-ils tenus de payer les dettes postérieures à la donation ? Non, *ils ne viennent pas comme héritiers.* »

Les donations éventuelles sont celles qui sont soumises à l'évènement du décès du donateur. Le principe général applicable à ce genre de mutations peut-être ainsi formulée : 1° un droit fixe de 7 fr. 50 est applicable à l'enregistrement du contrat; (1) 2° Au décès du donateur, la per-

_____

(1) *Art.* 4 Loi du 28 février 1872

ception du droit proportionnel eu égard à la parenté doit être appliquée.

S'agit-il du droit proportionnel des donations entre vifs ou des mutations par décès ?

Dans le cas d'institution contractuelle la question ne fait plus aucun doute : le droit encouru est le droit de mutation par décès (1). La perception est conforme au caractère que la loi civile donne à l'opération. Le donataire a acquis entre-vifs le droit de se porter héritier du donateur (2). La donation est irrévocable en ce sens seulement « que le donateur ne pourra plus disposer à titre gratuit des objets compris dans la donation si ce n'est pour des sommes modiques à titre de récompense ou autrement » (3). Mais il n'a acquis entre vifs la propriété d'aucun bien. Au décès du donateur seulement, le donataire, s'il se porte héritier acquiert les biens existants sans qu'aucune rétroactivité puisse résoudre les aliénations à titre onéreux faites par le donateur. L'acte constitue donc bien un cas de *mutation par décès*.

La situation est identique lorsque par l'effet

(1) Ch. civ. Cassation : 23 mars et 7 juillet 1840, S. 1840. 1. 333 ; S. 1840. 1. 475. *Instr.* 1618. § 4 et 1634, § 4.

(2) Du vivant du donateur, le donataire ne peut faire aucun pacte sur cette succession non ouverte [C. civ. art. 791, 1130, 1600]. Après le décès, nonobstant l'acceptation, qu'il a faite de l'institution contractuelle, il peut renoncer a la succession.

(3) *Art.* 1083. C civ.

du prédécès du donataire le bénéfice de la disposition est recueilli par ses enfants ou descendants (1). Elle est identique quand aux effets que nous venons de signaler ; mais il est évident que la postérité du donataire comprise dans l'institution acquittera les droits selon son degré de parenté avec le donateur.

Indépendamment de l'institution contractuelle, une donation peut être faite sous la seule éventualité de la survie du donataire, une telle libéralité peut être faite hors contrat de mariage.

Dans ce cas, le prédécès du donateur est une condition casuelle produisant un effet rétroactif. La cause de la transmission c'est le contrat. Les principes généraux conduiraient à percevoir rétroactivement le droit de donation entre vifs suivant les règles en vigueur au jour du contrat. Ces principes sont applicables toutes les fois que la donation est subordonnée au prédécès d'un tiers. Mais si la condition est le prédécès du donateur, une jurisprudence aujourd'hui constante déclare applicable le droit de mutation par décès (2). Les textes concernant le droit proportionnel (3) rangent parmi les mutations par décès celles qui s'effectuent « soit par succes-

(1) Art. 1082 C civ.
(2) Garnier, Rép. gén. 5352.
(3) Art. 53, L. 28 avril 1816 · art. 33 L. 21 avril 1832.

sion, soit par testament *ou autres actes de libéralité à cause de mort* ». La loi fiscale n'a
pas eu l'intention d'établir un tarif sur des actes
manifestement nuls (1), elle a visé en parlant
des *actes de libéralité* à cause de mort non pas
seulement les donations par contrat de mariage,
les donations entre époux, mais encore les donations irrévocables subordonnées au prédécès
du donateur (2).

En pratique, ce système simplifie la perception évitant l'application rétroactive d'un tarif
ancien. Il assujettit le donataire de l'espèce à la
déclaration de succession dans le délai légal à
peine d'un demi-droit en sus (3).

Outre la donation de biens présents et la donation de biens à venir, la loi civile reconnaît
une troisième espèce de donation qui peut être
faite *cumulativement des biens présents et à
venir* (4). Le caractère de ce dernier acte est
d'être : 1° principalement une donation de biens
à venir : 2° subsidiairement et au gré du dona-

---

(1) Le Code civil proscrit formellement les anciennes donations
a cause de mort *Art.* 893, C civ.

(2) Cass. 21 dec 1870, D 71. 1 87 — Un des motifs de cet
arret est ainsi libellé « Le législateur pour asseoir la perception de l'impôt n'a pas pris pour base le caractere que la loi civile
imprime aux divers actes de liberalité et la definition qu'elle en
donne. »

(3) Cass 23 juillet 1866, D. 66 1. 327

(4) *Art* 1084 C civ.

taire une donation des biens existants présente-
ment *lors du contrat* (1).

L'option, en ce cas, s'exerce au décès du donateur et suivant son résultat aboutit à une
pure institution contractuelle ou par suite de
l'effet rétroactif à une donation de biens présents.
Au jour du contrat, le droit fixe de 7 fr. 50 est
seul exigible, car à ce moment le donataire n'a
aucun droit actuel sur les biens présents.

Si le donataire accepte l'ensemble de la donation au jour du décès du donateur, le droit de
mutation par décès est encouru. S'il s'en tient
aux biens présents lors du contrat, renonçant au
surplus des biens du disposant, le cas rentre
dans la catégorie des mutations par décès qui
s'effectuent par *acte de libéralité à cause de
mort*

Si le donataire entre en possession avant le
décès du donateur une distinction s'impose.

I. — Les clauses de l'acte peuvent avoir
prévu *que le donataire entrera de suite en
jouissance,* en ce cas la question est réglée lé-
gislativement par un avis du Conseil d'Etat du
22 décembre 1809 (2).

Des termes de cette décision on peut conclure :
Que l'entrée en jouissance signifie entrée en

(1) *Art.* 1084 : C. civ.
(2) Ce texte législatif est dans Demante.— Principes d'enregistrement, tôme 2, n° 612.

possession et que le donataire entré en possession
des biens présents y entre comme propriétaire.
Sa propriété il est vrai, est soumise à la double
condition résolutoire de son prédécès et de son
acceptation du surplus des biens, car si le donateur a aliéné à titre onéreux tout ou partie ces
biens présents lors du contrat, le donataire ac-
ceptant le surplus des biens doit respecter ses
aliénations. Mais les conditions résolutoires ne
font pas obstacle à la perception intégrale du
droit proportionnel. Ce droit est donc encouru
sur le contrat quant aux biens présents.

II. — Si le donataire est entré de fait en possession sans qu'aucune stipulation du contrat
n'ait prévu le cas, la mutation est une mutation
secrète et l'appréciation devra porter sur le point
de savoir si le donataire s'est comporté comme
proprietaire ou comme usufruitier.

L'absence n'ouvre jamais la succession de
l'absent. La loi fiscale a cependant admis que
l'envoi en possession devait justifier la perception d'un impôt. Les envoyés en possession doivent acquitter les droits qu'ils auraient eu à payer
s'ils eussent été héritiers. Cette perception n'est
pas définitive : si l'absent reparaît, le fisc restitue
les droits perçus en retenant seulement la partie
de ces droits relatifs à la jouissance (1)

_____

(1) *Art.* 40, loi du 28 avril 1816 En ce cas la valeur impo
sable de la jouissance, sur laquelle doit être calculée la portion

SECTION II

De la preuve de l'ouverture de la succession

La preuve de l'ouverture d'une succession incombe à l'administration (1) et doit comprendre
la preuve du décès, de sa date et de la capacité
des ayants-cause. La preuve de la date du décès
est importante parce qu'elle peut servir à déterminer le nombre des transmissions successives
d'un même patrimoine et par suite à établir un
nombre équivalent de perceptions de droits de
mutations (2).

L'administration peut établir la preuve du
décès par tous les moyens prévus par l'article
12 de la loi du 22 frimaire an VII (3). La preuve

des droits non sujette à restitution, doit être évaluée a moitié
de la propriété pour les meubles, et au denier 10 ou 12 1/2 pour
les immeubles.— J. Enr. Année 1897, n° 25070.

(1) *Art.* 1315, C civ.

(2) La mort successive de plusieurs personnes respectivement
appelees a la succession les unes des autres, peut occasionner
la perception reitérée d'un grand nombre de droits capables
d'épuiser en peu de temps un patrimoine.— Naquet, « Les droits
d'enregistrement, » tome 2, n° 858.

(3) *Art.* 12. L. 22, frimaire an VII : « La mutation d'un immeuble en propriété ou usufruit sera suffisamment etablie pour
la demande du droit d'enregistrement et la poursuite du paiement
contre le nouveau possesseur, soit par l'inscription de son nom
au rôle de la contribution foncière et des paiements par lui faits
d'après ce rôle, soit par les baux par lui passés, ou enfin par des
transactions ou autres actes constatant sa propriété ou son usufruit. »

de la date peut également se faire par tous les moyens. La mention qui peut en être contenue dans l'acte de décès est admissible comme renseignement.

Si plusieurs personnes *respectivement appelées à la succession l'une de l'autre* périssent dans un même événement sans qu'il soit possible de reconnaître laquelle est décédée la première, il nous paraît logique d'appliquer les présomptions établies par les articles 721 et 722 du Code Civil. On ne peut dire que nous opérons une extension des présomptions légales, la présomption de survie édictée par la loi civile opère la mutation, et c'est cette mutation qui est atteinte par la loi fiscale (1).

La capacité et la qualité des successibles débiteurs de l'impôt peuvent s'établir par tous les moyens et spécialement par la production des actes dans lesquels les héritiers ont pris qualité et par la prise de possession des biens héréditaires (2).

Afin de faciliter cette preuve, l'article 55 de la loi de frimaire prescrit aux municipalités de fournir aux receveurs des relevés trimestriels des actes de décès survenus dans la commune (3).

(1) Demante, n° 679 En sens contraire Garnier. R. G. 16106

(2) J Enr , n° 25159, année 1897.

(3) Art 55. L 22 frim , an VII. « Ces secretaires fourniront, par trimestre, aux receveurs de l'enregistrement de l'arrondissement, les relevés, par eux certifiés des dits actes de décès

Les réceptions des notices des mairies sont en
pratique simplement mentionnées sur le registre
des actes civils depuis que la nécessité des ré-
cépissés a été supprimée par certaines instruc-
tions ministérielles.

La circonstance que des héritiers seraient
grevés de substitution conformément aux articles
1048 et suivants du Code Civil ne ferait pas
obstacle à la perception des droits de mutation
par décès : la charge imposée par le testateur
attribue un caractère spécial à la mutation
mais ne la supprime pas. L'exigibilité d'un nouvel impôt prendra naissance par suite de la mutation intervenant au décès du *grevé* au profit de
l'*appelé*. Il se produit à cet instant une nouvelle
mutation (1). Dans cette hypothèse la Cour de
Cassation paraît admettre que l'impôt sera calculé d'après le degré de parenté existant entre
l'appelé et le grevé (2). C'est une solution logique car si les appelés tiennent leur droit de la
clause de substitution, la transmission se produit bien toujours du grevé à l'appelé. On pour-

Ils seront délivrés sur papier non timbre, et remis dans les mois
de janvier, avril, juillet et octobre, à peine d'une amende de
trente francs par chaque mois de retard Ils en retireront rece-
pissé sur papier non timbre. »

Art. 10 L 16 juin 1824 « Toutes les amendes fixes seront
reduites ... celles au dessous de 50 francs, a 5 francs »

(1) Cass 11 dec 1860 S 1861 1 65

(2) La Cour declare en effet, dans l'arret de 1860 precité que
la mutation s'opere du legataire institue aux heritiers appeles.

rait objecter à cela que le grevé était propriétaire sous condition résolutoire, mais la notion
de la condition résolutoire appliquée à la substitution est discutable (1).

L'article 841 du Code civil permet à tout cohéritier de prendre pour lui le marché qu'aurait
conclu un de ses cohéritiers ayant cédé ses
droits héréditaires même à une personne parente
du défunt. Le retrait ainsi exercé ne constitue
pas une mutation entre vifs, mais une mutation
par décès ayant pour tout résultat de faire dis-
paraître la cession. Le retrayant se substitue au
retrayé en vertu de la loi et non par le fait du
contrat. La conséquence de ces principes est que
l'exercice du retrait ne donne pas ouverture à un
droit de mutation mais à un simple droit de li-

(1) « L'article 1051, C, civ.. fournit, selon nous a cette manière
de voir un appui très résistant au moins en ce qui concerne les
substitutions permises dans notre droit actuel. En appelant les
petits enfants du grevé issus d'un fils prédécédé, a recueillir,
par représentation de leur père, la part qui serait revenue
a celui-ci dans les biens substitués ; ce texte nous donne
clairement a entendre que les appelés recueillent les biens substitués a titre de succession. car c'est seulement en matière de
succession que la représentation est admise. » Baudry-Lacantinerie. Traité de droit civil. p. 459. n° 674, 3me édit., tome 2.
Ceci prouve que le grevé n'est pas propriétaire sous condition
résolutoire, mais plutôt propriétaire avec charge de rendre.

Dans l'ancien droit, l'impôt du *centieme denier* était toujours
calculé d'après la qualité respective des appelés et des grevés.
Naquet . « Les droits d'enregistrement » t. 2 p. 315.

bération sur l'acte constatant le paiement des
sommes restituées au retrayé (1).

Section III

De la renonciation à succession

Lorsque l'administration a etabli l'existence
de la mutation et la preuve du décès, le bénéficiaire de la succession devient débiteur de
l'impôt. La démonstration de la mise en possession, celle du parti qu'ont pris les successibles
ne sont pas nécessaires. Le seul fait du décès
rend le fisc créancier. Mais le successible peut
supprimer la mutation en renonçant à la succession.

Tous les successeurs peuvent renoncer à moins
qu'ils n'aient accompli un acte impliquant nettement leur intention d'accepter (2).

Pour être opposable au fisc, la renonciation ne
doit pas fatalement intervenir avant le délai de
six mois prescrit pour faire la déclaration. En
effet, elle est valable civilement jusqu'au moment où le successible a été condamné comme
héritier pur et simple.

(1) Pothier : « Des retraits » nº 429 et 442 — Édition Bugnet,
tome 3 Paris : Henri Plon. 1861.

(2) Si des héritiers ont diverti ou recele des objets de la succession, ils perdent le droit de renoncer et de réclamer leur part
des objets recelés *art* 792, C. civ.

La déclaration de renonciation est opposable au fisc même si elle n'est pas faite sur les registres du greffe. Une renonciation passée devant notaire peut valoir contre l'administration (1). Celle-ci en effet n'a qu'une mission fiscale et ne saurait avoir qualité pour discuter la valeur juridique des actes qu'on lui oppose. La renonciation doit cependant être *extinctive, totale, pure et simple*. Faite au profit d'une personne déterminée elle constituerait une acceptation. Elle deviendrait translative si le renonçant se faisait payer : la vente des biens héréditaires implique la volonté d'accepter. Si le renonçant déclarait dans un acte céder ses droits héréditaires, cet acte constituerait une donation (2).

La renonciation doit être totale et s'appliquer à l'ensemble de la succession. La Cour de Cassation dans un arrêt rapporté au Dalloz de 1874 (3) semble admettre qu'une renonciation

(1) Cass. : D. 57 1 425 . D. 67 2 5

(2) Cass D 73 1 429.

(3) Cass 8 juillet 1874, D 74. 1 457.— Les motifs de cet arrêt sont ainsi libellés « Attendu que le testament fait par Thibeige, le 1ᵉʳ octobre 1870, contient en faveur de la défenderesse deux legs distincts , l'un, de la propriété, de tout le mobilier meublant. laisse par le testateur a Bussieres et a Langres, l'autre de l'usufruit de tous les autres biens de la succession ,

Que par l'acte notarié du 22 février 1871, la légataire en déclarant renoncer purement et simplement a cependant réservé expressement le legs en pleine propriété du mobilier meublant de Bussieres et de Langres et en outre la jouissance, sa vie durant de la maison du testateur avec les jardin, bosquet et

partielle affranchit le renonçant de la partie des
droits afférents à la portion à laquelle il renonce.
Malgré cet arrêt les principes commandent d'admettre qu'une renonciation partielle n'est pas
valable même à l'égard du Trésor. S'il en était
autrement le contribuable aurait un moyen de
se soustraire au paiement d'une partie de l'impôt.
En outre les renonciations partielles qui ne sont
pas opposables aux créanciers ordinaires le deviendraient à l'égard du fisc. Ce dernier est un
créancier semblable à tous les créanciers, on ne
voit pas de bonnes raisons pour lui infliger un

verger y attenant...... ajoutant que quand à l'usufruit de tout
autre bien, elle entendait y renoncer en faveur des nu-pro-
priétaires ;

Que la légataire a manifesté par là, la volonté de n'accepter
que pour partie et de répudier pour le surplus le legs d'usufruit
contenu en sa faveur dans le testament de Thiberge.— *Que vis à
vis de l'administration de l'enregistrement, cette acceptation, ainsi
limitée devait servir de base à la perception du droit de mutation
par décès :*

*Que dès lors cette administration a été mal fondée à réclamer
ledit droit sur l'intégralité des objets légués ;*

*D'où il suit, qu'en le décidant ainsi, le jugement attaqué n'a
nullement violé les dispositions de loi invoquées par le pourvoi ;
par ces motifs ; rejette. »*

Nous souhaitons que cet arrêt ne fasse pas Jurisprudence, car
il nous paraît contraire aux principes applicables en matière de
renonciation, notamment à la prohibition de toute renonciation
partielle « *Legatarius pro parte acquirere, pro parte repudiare
non potest.* » L'arrêt précité est venu bouleverser la pratique que
l'enregistrement avait toujours admis, d'après laquelle, toute renonciation partielle, soit à un legs soit à une donation, em-
porte acceptation complète de l'objet de la libéralité.

traitement plus rigoureux qu'aux autres. Toute modalité apportée à la renonciation la rend donc incompatible avec sa validité.

Pour apprécier les effets d'une renonciation, il faut se placer dans deux hypothèses, celle de l'acquittement et du non-acquittement des droits. Si l'impôt n'a pas été payé, il n'est plus dû à partir de la renonciation. En renonçant le contribuable supprime la créance du fisc, enlève à l'enregistrement le droit de présenter aucune réclamation. La renonciation est en effet rétroactive et ses effets remontent au jour de l'ouverture de la succession. « *L'héritier qui renonce est censé n'avoir jamais été héritier* » (1). Un droit nouveau prend naissance au moment de la renonciation : l'administration devient créancière des cohéritiers du renonçant pour les droits afférents à la portion qui leur échoit par suite de l'acte du renonçant.

L'acquittement des droits ne fait pas supposer une acceptation. Le contribuable a pu dans l'éventualité d'une acceptation ultérieure s'empresser d'acquitter l'impôt. Il serait trop rigoureux d'attribuer à cette acte l'intention de faire adition d'hérédité. Des découvertes imprévues, qu'il était impossible de supposer ont pu surgir, établissant qu'une personne réputée notoirement solvable ne l'était pas. Un successible ainsi

(1) *Art.* 785, C. civ.

trompé par la renommée publique ne saurait être accusé de légéreté (1).

Les successeurs apparents qui se sont mis en possession des biens héréditaires peuvent être évincés par l'effet d'une pétition d'hérédité ou par un procés relatif à la valeur du testament.

Pendant la durée de l'instance, il faut décider, pour être d'accord avec les principes, que les droits sont exigibles du possesseur seul, suivant sa qualité, sauf à exiger un supplément du nouveau possesseur à l'issue du litige.

A l'inverse, si le possesseur a payé les droits, aucune restitution ne pourrait être admise (2),

(1) La Jurisprudence est constante sur ce point.

Tous les arrêts se rapportant à l'hypothese portent qu'il n'y a qu'acceptation de la succession et non adition d'hérédite quand le paiement des droits a été effectué dans les circonstances suivantes.

1° Lorsque les droits payés étaient modiques (Montpellier, 1er juillet 1828).

5° Il n'y a pas d'adition d'hérédite, bien que dans la quittance des droits payés, le receveur ait donné au successible la qualité d'héritier et que celui-ci n'ait fait aucune réserve (Nancy, 19 mai 1842);

3° Lorsque l'héritier n'a payé que sur contrainte (Cass. 24 dec. 1828);

4° Alors même que le successible aurait formellement pris la qualite d'héritier dans la déclaration,

5° Si l'héritier a payé depuis sa renonciation et s'il a formellement declaré devant le receveur qu'il n'entendait pas prendre la qualité d'héritier (Bordeaux, 2 mai 1833).

Molineau. « Manuel des déclarations de succession » 2me partie, n° 1335.

(2) *Art.* 60, L. 22 frim. an VII. Demante, tome 2, n° 678.

car la perception a été régulièrement faite suivant la qualité du possesseur (1).

La jurisprudence décide que la renonciation postérieure à l'acquittement des droits n'oblige pas le Trésor à la restitution des sommes versées régulièrement perçues (2). L'administration admet cependant que les sommes payées par l'héritier renonçant seront imputées sur celles qui sont dues par les héritiers acceptants. D'où il résulte que l'héritier renonçant aura un recours contre ses cohéritiers acceptants.

SECTION IV

Successions régies par des règles spéciales

Il existe des successions régies par des règles spéciales en droit civil : ce sont les successions anomales, les successions vacantes, les successions en déshérence. Nous allons examiner quel est leur régime au point de vue fiscal. Nous verrons ensuite quels principes régissent les

---

(1) Cass. 7 avril 1840 et 6 août 1849 S 1840 1. 479, S 1849 1. 568.

(2) D. 52. 1 212 Cette solution est conforme au principe déposé dans l'article 60 de la loi du 22 frimaire an VII, ainsi conçu : « Tout droit d'enregistrement perçu régulièrement en conformité de la présente ne pourra être restitué, quels que soient les événements ultérieurs, sauf les cas prévus par la présente »

successions ouvertes à l'étranger et celles qui
sont laissées par un étranger en France,

I. *Successions anomales*. — Les successibles
qui recueillent le bénéfice d'une succession ano-
male qualifiée parfois de *retour légal* sont
considérés comme de véritables successeurs. La
loi civile offre trois cas de successions anomales;
il existe trois catégories de successeurs anomaux:
l'ascendant donateur (1); les frères et sœurs de
l'enfant naturel, enfants légitimes de l'auteur
commun (2), et l'adoptant (3).

Dans tous ces cas, la perception de l'impôt est
encourue.

Le taux applicable à l'ascendant donateur est
de 1 o/o; ancun doute ne saurait exister à ce
sujet, car la succession est en ligne directe. Pour
les *frères et sœurs légitimes*, on pourrait se
demander s'ils ne viennent pas comme héritiers
en ligne directe de l'auteur commun, plutôt que
comme successeur en ligne collatérale de leur
frère naturel. En effet, ils succèdent exclusivement aux choses qui viennent de l'auteur commun.

Nous n'admettrons pas cette opinion : ils
recueillent les biens dont il s'agit seulement s'ils
se retrouvent en nature dans la succession (4) et

(1) *Art.* 747, C civ.
(2) *Art.* 766, C. civ.
(3) *Art.* 351 et 352, C. civ.
(4) *Art.* 766, C. civ

sont tenus de respec'er les charges et droits réels
procédant du fait de leur frère naturel. Ils viennent en outre avec la charge de contribuer aux
dettes comme les héritiers et les autres successeurs universels. Il convient donc de leur appliquer le tarif en vigueur dans la ligne collatérale
relativement aux frères et sœurs, neveux et
petits-neveux (1).

L'adoption crée dans l'ordre civil des rapports
entièrement analogues à ceux qui découlent de
la parenté effective. Il s'en suit que l'adoptant
qui vient, à défaut de descendants de l'adopté, à
la succession de ce dernier, en vertu de l'article 351, devra acquitter les tarifs usités en ligne
directe.

II. *Succession vacante.* — Une succession est
vacante lorsqu'il ne se présente personne, *pas
même l'Etat, pour la réclamer* (2).

Une pareille hypothèse semble contraire à la
notion de toute transmission. Par son essence
même, une transmission suppose deux termes :
un auteur par le fait duquel elle s'effectue et un
successeur qui en bénéficie. Dans notre cas,
l'auteur existe bien, mais le successeur n'est pas
investi, il ne se rencontre pas. Momentanément
le patrimoine n'appartient à personne. Après la
quidation du passif et le paiement des créan-

1) Demante. n° 739, t. 2.
(2) *Art.* 811, C. civ.

ciers, l'excédent d'actif, s'il en existe. adviendra tôt ou tard à l'Etat si aucun successeur ne réclame.

Si l'Etat eût accepté, la succession se serait trouvée en déshérence, libre de tout impôt (1). L'Etat, comme tout successeur, eût été obligé aux dettes jusqu'à concurrence de l'actif. Les principes conduiraient donc à affranchir les créanciers du défunt de tout concours de l'administration de l'enregistrement, d'exempter la succession de tout impôt.

Malgré toutes ces raisons qui nous paraissent bonnes, la Cour de cassation a constamment statué en sens opposé (2). Elle considère l'exigibilité de l'impôt comme une règle incontestable.

Cette jurisprudence est fondée toute entière sur l'autorité des précédents historiques (3).

Quoi qu'il en soit, le principe de l'exigibilité étant admis, il reste à déterminer le taux des droits, nous distinguerons deux cas :

1° Si la succession est devenue vacante par la renonciation de l'héritier le plus rapproché, les droits sont perçus d'après le degré de parenté de

---

(1) Art 70.§ 2. n° 1. Loi de frimaire.

(2) Cass. D. 87 1 126. On lit dans les motifs de cet arrêt. « En cas de succession vacante. .... il y a transmission de propriété du défunt a l'hérédité et celle-ci, représentée par le curateur est tenue du paiement des droits exigibles, en raison de cette transmission.»

(3) Demante. t. ii. n° 667.

cet héritier (1). Cette solution est assez légitime puisque cet héritier peut revenir sur sa décision, tant que la succession n'a pas été acceptée par un autre, et qu'entre temps, il peut être regardé comme propriétaire du patrimoine (2);

2° A défaut d'héritiers connus, la vacance est déclarée. En ce cas, l'administration s'attribue la faculté de fixer elle-même l'impôt. Si les héritiers sont inconnus, c'est vraisemblablement qu'il s'agit de collatéraux éloignés, à ce titre la perception est de 8 o/o (3). -

III. — *Succession en déshérence.* — Les successions sont en déshérence lorsqu'elles sont recueillies par l'Etat, lorsque l'Etat se porte héritier. La loi a justement décidé que ces acquisitions ne seraient soumises à aucun droit (4). Il serait illogique que l'Etat reçut d'une main les sommes qu'il verserait de l'autre.

IV. — *Succession ouverte à l'étranger, succession laissée en France par un étranger.* — L'impôt est un attribut de la souveraineté et à ce titre ne peut se percevoir au-delà du territoire de chaque nation. Mais il est également une charge de la propriété, et par suite doit

(1) Seine, 4 juillet 1841. et l'instruction n° 2598. § 22 Demante, n° 667.
(2) *Art.* 790, C. civ.
(3) Demante, t. II. n° 667.
(4) *Art.* 70, § 2, n° 1. L de limaire an VII

frapper tout possesseur quelconque sans considération de sa nationalité. La législation fiscale
appartient au *statut réel*.

Il résulte de ces deux principes que les droits
de mutation par décès sont exigibles en raison
du transfert, au profit d'un étranger, des biens
immeubles situés en France et qu'un français est
affranchi de l'impôt des mutations par décès,
lorsqu'il recueille une succession à l'étranger.

On admet généralement que les meubles sont
régis par la loi du domicile de leur possesseur.

La loi de frimaire déroge ouvertement à ce
principe en ce qui touche le mobilier corporel
trouvé en France (1).

Au contraire, la loi semble appliquer la règle
aux meubles incorporels : elle ordonne que ces
biens soient déclarés au *bureau du domicile du
décédé*. On devrait en conclure que, si le défunt
était domicilié hors de France, les droits de
mutation par décès ne devraient pas être appli-
qués à raison des valeurs qui n'ont pas d'assiette
déterminée. Cette conclusion n'a pas été admise
par la Jurisprudence. Elle décide que la perception de l'impôt est suffisamment justifiée par le

---

(1) Art. 27, L. 22 frim., an VII. « S'il s'agit d'une mutation au
même titre de biens meubles, la déclaration en sera faite au
bureau dans l'arrondissement duquel ils se seront *trouvés*, au
decès de l'auteur de la succession. »

« Les rentes et les autres biens meubles. sans assiette déterminée au moment du décès, seront déclarés au bureau du domicile du décédé. »

principe général d'exigibilité déposé dans l'article 4 de la loi de frimaire. L'article 27 n'est qu'une disposition règlementaire. L'instruction 2003 § 3 s'exprime ainsi sur la disposition de l'article 27 : « Elle n'a pour but que de faciliter le paiement des droits, d'une part en épargnant aux héritiers l'obligation de faire une déclaration dans chacun des bureaux du domicile des débiteurs de créances actives de la succession et, d'autre part, en centralisant le paiement au lieu où, par l'enregistrement des inventaires et autres actes qu'occasionne l'ouverture de la succession, l'existence et le montant des créances laissées par le défunt peuvent être constatés avec le plus d'exactitude. De la circonstance que la succession s'est ouverte hors de France, il faut seulement conclure que les rentes et autres biens meubles sans assiette déterminée doivent être déclarés au bureau de l'enregistrement dans l'arrondissement duquel se trouve le débiteur des valeurs mobilières ; car c'est là qu'est située la chose transmise et que le créancier doit venir exercer ses droits. »

L'administration est logique lorsqu'elle tient ce raisonnement : « Puisque les héritiers étrangers jouissent de la protection de nos lois pour le recouvrement de leurs créances, il est juste qu'ils en subissent les charges et qu'à leur égard le Trésor soit admis à prendre son bien où il se trouve » (1).

(1) Demante. t. 11, n° 785, *in fine.*

CHAPITRE III

— —

Du tarif des droits

La loi du 22 frimaire an VII avait établi trois catégories de successibles :

1° Les héritiers en ligne directe, assujettis au droit de 1 o/o sur les immeubles recueillis en nue-propriété ou en usufruit et à une taxe de 0,25 o/o sur les meubles (1);

2° Les époux qui devaient acquitter une taxe de 2,50 o/o sur les immeubles (2), et de 0,62 1/2 o/o sur les meubles (3);

3° Les collatéraux et les étrangers, qui payaient un droit de 5 o/o sur les immeubles (4) et de 1,25 o/o sur les meubles (5).

Ce système fut modifié par les lois du 28 avril 1816, du 21 avril 1832 et du 18 mai 1850.

La première a réalisé deux réformes : elle a augmenté les catégories de successibles et majoré les tarifs (6).

(1) Art. 69, § 1, n° 3, tit. x. Art. 69. § 3. n° 4. L. 22 frim. an VII.
(2) Art. 69, § 6. n° 3.
(3) Art. 69, § 4. n° 2.
(4) Art. 69. § 8, n° 2.
(5) Art. 69. § 4, n° 2.
(6) Art. 53, Loi du 28 avril 1816. Aux termes de cet article,

La loi du 21 avril 1832 opéra deux innovations analogues, elle porta à six le nombre des classes de successibles et augmenta les tarifs (1).

La loi du 18 mai 1850 supprima la distinction fiscale entre les meubles et les immeubles et décida que les transmissions de biens meubles à titre gratuit et les dévolutions par décès seraient assujetties aux diverses quotités de droits établis pour les mutations d'immeubles de la même espèce (2).

Le classement établi par la loi du 21 avril 1816

les successions immobilières d'un époux à son conjoint sont taxées a *trois francs par cent fiancs,* les successions mobilieres à *un et demi pour cent.* Entre étrangers, l'impôt est de *sept francs par cent fiancs,* s'il s'agit d'immeubles, de *trois et demi pour cent* s'il s'agit de meubles.

Une nouvelle catégorie de successibles est instituée : celle des freres et sœurs et descendants d'eux. Ces successibles sont assujettis a un droit de *cinq francs par cent francs* sur les biens immeubles, de *deux et demi pour cent* sur les biens meubles.

(1) *Art.* 33. Loi du 21 avril 1832. Cette loi ne modifia pas les regles de perception relatives aux successions transmises en ligne directe ou entre epoux. Elle frappa d'un droit de 9 o/o, les étrangers recueillant une succession immobilière, de 6 o/o, s'il s'agissait de biens meubles.

Les frères et sœurs, oncles et tantes, neveux et nieces durent acquitter un droit de 6, 50 o/o, pour les successions immobilières, de 3 o/o sur les mutations mobilières.

Deux nouvelles catégories de successibles furent introduites : 1° Les grands'oncles, grand'tantes, petits neveux, petites nieces, cousins germains, assujettis a un droit de 4 o/o sur les meubles, de 7 o/o sur les immeubles ;

2° Les parents du quatrieme au douzième degré taxés à 5 o/o, pour les meubles et a 8 o/o sur les immeubles.

(2) Loi du 18 mai 1850. *art.* 10.

est encore en vigueur. Six catégories de successibles se répartissent l'obligation d'acquitter diversement les droits. On peut les énumérer ainsi, en commençant par les moins imposés :

1° Tous les héritiers en ligne directe, ascendants ou descendants, sans distinction pour les enfants adoptifs, assujettis à une taxe de 1 o/o ;

2° Les époux grevés d'un impôt de 3 o/o. Ce droit n'est perçu que si l'époux vient à la succession comme donataire ou légataire ; appelé *ab intestat,* il est traité comme un étranger (1) ;

3° Les frères et sœurs, neveux, nièces, oncles et tantes, soumis à un droit de 6.50 o/o (2) ;

4° Les grands-oncles, grand'tantes, petits-neveux, petites-nièces et cousins-germains, grevés d'une taxe de 7 o/o (3) ;

5° Tous les parents depuis le quatrième jusqu'au douzième degré, soumis au taux de 8 o/o ;

6° Les étrangers, les alliés, les parents au-delà du douzième degré, taxés à 9 o/o.

Aux termes de l'art. 53 de la loi du 28 avril 1816, l'enfant naturel venant en concours avec les enfants légitimes était traité comme eux au point de vue de l'impôt. Il était assimilé à un étranger dans le cas contraire. Cette différence incompréhensible a disparu depuis la promulgation de la loi du 25 mars 1896, *relative aux*

(1) Loi du 28 avril 1816, *art.* 53.
(2) Loi du 21 avril 1832, *art.* 33.
(3) Loi du 21 avril 1832, *art.* 33.

droits des enfants naturels dans la succession de leurs père et mère. L'art. 8 de cette loi dispose que *« l'enfant naturel légalement reconnu appelé à la succession ab intestat ou testamentaire de son auteur sera considéré, quant à la quotité du droit, comme enfant légitime »* (1).

Les communes et établissements publics qui n'avaient primitivement à supporter qu'un droit fixe d'un franc acquittent la taxe, depuis la loi du 18 avril 1831, selon les règles ordinaires. Ils sont assimilés à des étrangers (2).

L'ouverture de l'usufruit légal au profit du conjoint survivant, et la conversion de cet usufruit en rente viagère, rendues fréquentes depuis la loi du 9 mai 1891, occasionnèrent des hésitations au sujet des tarifs à leur appliquer.

L'art. 53 de la loi du 28 avril 1816, porte que le droit exigible sur les mutations par décès entre époux est de 3 o/o, lorsque la mutation a lieu par donation ou par testament, et de 9 o/o lorsqu'elle a lieu à défaut de parents au degré successible. Allait-on appliquer le taux de 3 o/o ou celui de 9 o/o?

Lors de la première délibération du projet à la Chambre, le 22 mars 1890, M. Taudière proposa d'ajouter, après l'art. 1er du projet, deux

---

(1) D· 96 4. 26
(2) Loi du 18 avril 1831 art 17

articles additionnels dont le premier était relatif à la contribution aux dettes; le second, aux droits de mutation. L'art. 3, relatif à ce dernier chef, aurait été ainsi conçu : « L'époux successeur en usufruit, en vertu de la présente loi, paiera, à titre de mutation par décès 3 o/o, plus les décimes, de la valeur recueillie » (1).

(1) Dans le premier article additionnel, il était dit . que l'époux successeur en usufruit en vertu de la présente loi, sera obligé de contribuer aux dettes de la succession en proportion de la valeur de l'usufruit recueilli par lui dans ladite succession Cette valeur sera établie en multipliant le revenu annuel de l'usufruit ou de la rente ou prestation qui le cas échéant en tient lieu, si, à l'ouverture de la succession, l'usufruitier a :

de 15 à 25 ans par 17,
» 25 à 35 » » 16,
» 35 à 45 » » 14,
» 45 à 55 » » 12,
» 55 à 65 » » 8.50,
» 65 à 75 » » 5,
75 ans et au dessus » 3.

M Taudiere disait que «l'époux survivant, conservant la qualité de successeur irrégulier que lui confère l'article 767, conservant la qualité qu'il possède déjà lorsqu'il vient en vertu de ce même article et en l'absence de tout heritier successible il en resultera que le fisc s'appuiera sur ce texte pour lui réclamer le droit de 9 o/o, toutes les fois que la nouvelle loi s'appliquera Or cette perception est absolument contradictoire avec la faveur dont le législateur entend faire bénéficier l'époux survivant. » Le rapporteur de la loi fait observer que : lorsque l'époux hérite en vertu de l'article 767. il hérite a défaut de parents, et en réalite, comme étranger, c'est pourquoi il est passible du droit de 9 o/o. La loi nouvelle le considère tout autrement , elle lui donne un droit nouveau dans la succession *ab intestat*, parce qu'elle l'assimile à un parent venant en concours avec des parents. A ce titre,

Ces articles ne furent pas ajoutés, mais le rapporteur de la loi exprima en termes formels que l'époux survivant serait assimilé à un parent et serait seulement passible du droit de 3 o/o. La question a donc été tranchée bien nettement par la Chambre des Députés, et l'administration s'est inclinée (1). Les rédacteurs du *Journal d'Enregistrement* s'exprimèrent ainsi : « Il est évident qu'une opinion ainsi formulée ; bien que ratifiée implicitement par la Chambre des Députés, ne saurait-lier l'administration ; si elle pensait que la loi fiscale doive recevoir une autre interprétation. Il ne pourrait en effet être dérogé à la loi du 28 avril 1816 que par une autre loi, et

quoique successeur irrégulier il ne peut être soumis aux droits dont les etrangers sont seuls passibles, et dont il est passible quand il herite a défaut de parents. Il importe peu que ces dispositions nouvelles soient inscrites dans l'article 767 elles visent une situation toute nouvelle, et cette situation doit assurer a l'epoux le benefice de l'article 69 de la loi de finance et ne le soumettre qu'aux droits de 3 o/o. M. Taudiere, malgre ces declarations, ayant persisté a soumettre à la Chambre son amendement tendant a fixer expressement a 3 o/o le tarif des mutations par deces, en usufruit, operees au profit de l'epoux survivant en vertu de la nouvelle loi, le rapporteur a conclu au rejet mais en determinant d'avance la portee du vote par une nouvelle declaration ainsi conçue « Je me suis deja explique sur cet amendement, la commission le repousse, mais il faut qu'il soit entendu que son rejet n'impliquera pas que l'epoux survivant doive payer 9 o/o comme droit de mutation. Tout au contraire, l'avis de la commission est que l'epoux survivant ne devra payer que le droit de mutation de 3 o/o.

(1) J. Enr , annee 1891. n° 23536.

une déclaration de tribune ne saurait y suppléer. Mais nous pensons que la doctrine sur laquelle s'est appuyé M. Jacques Piou est exacte et que, dans tous les cas, ses paroles, approuvées par le vote de la Chambre, ont une autorité suffisante pour que l'administration puisse s'y conformer et en faire la règle de ses perceptions. »

Une autre difficulté s'était présentée. Devait-on appliquer à la mutation en rente viagère les mêmes principes qu'aux mutations d'usufruit ? Lorsque les héritiers, usant du droit que leur reconnaît la loi, convertissent l'usufruit de l'époux survivant en une rente viagère, fallait-il calculer le droit de mutation d'après les règles édictées en matiere d'usufruit ? La question était d'importance. On sait en effet que la mutation en usufruit doit supporter un droit particulier et que la perception opérée à son occasion ne dispense pas le nu-propriétaire d'acquitter les droits sur la valeur de la pleine propriété, comme si l'usufruit n'existait pas (1).

Il est admis au contraire qu'en cas de legs de rente viagère, le capital de la rente sur lequel les droits sont dus par le débit rentier doit être déduit de l'actif successoral pour la liquidation du droit dû par les héritiers (2).

La perception devra-t-elle être effectuée selon la première ou la seconde de ces règles ?

(1) Art. 15, n° 8. L. 22 frim. an vii.
(2) Cass., 28 nov. 1882, D. 83. 1. 299.

Les rédacteurs du Journal d'Enregistrement ont répondu en ces termes à la question : « Si la déclaration est passée avant que la conversion ait été effectuée, le receveur devra liquider les droits d'après les règles particulières aux transmissions d'usufruit, car cette conversion n'est qu'une faculté accordée aux héritiers; tant qu'elle n'est pas exercée, c'est l'usufruit qui est pour eux *in obligatione*, et qui pour l'époux est l'objet de la transmission successorale effectuée à son profit. »

« Si au contraire la conversion a lieu avant la déclaration de succession; nous pensons que l'objet de la transmission se trouvant rétroactivement fixé, c'est la rente viagère qui doit être déclarée et être assujettie aux droits d'après les règles qui lui sont propres. Mais si l'on suppose que la déclaration a été passée avant la conversion et les droits acquittés sur l'usufruit, la perception devra-t-elle être modifiée et donner lieu à une restitution; si ultérieurement et dans les deux ans de la perception les parties justifient de cette conversion? La négative résulte de l'art. 60 de la loi du 22 frimaire an VII, d'après lequel les droits régulièrement perçus ne peuvent être restitués et de l'application que la jurisprudence a fait de ce principe aux partages postérieurs aux déclarations de succession. »

La question a été tranchée en ce sens par l'Instruction 2805 (1).

Ces solutions sont parfaitement en harmonie avec les principes de la loi civile. L'objet de la transmission est toujours un usufruit et la déclaration survenant avant la conversion ne change en rien l'obligation des héritiers. Ils ont le droit de choisir, mais ce droit ne saurait influer sur la nature de leur obligation au moment où ils déclarent.

La survenance de la conversion avant la déclaration de succession est logiquement traitée au point de vue fiscal. Par l'effet rétroactif du partage, l'époux est censé avoir recueilli directement le bénéfice de la rente viagère du défunt (2); c'est donc cette rente qui doit être considérée au point de vue de la liquidation de l'impôt.

Enfin la règle d'après laquelle tout droit régulièrement perçu ne peut être restitué commande évidemment la solution admise dans l'hypothèse de l'acquittement des droits sur l'usufruit au cas de déclaration antérieure à la conversion (3).

Notre loi fiscale a établi des catégories arbitraires et artificielles de successibles. Les classements qu'elle a formés ne sont pas en concordance avec ceux que présente la loi civile. Un droit identique frappe simultanément des

(1), D. 92. 3. 23.
(2) Art 883. C. Civ.
(3) Art. 60, L. 22 frimaire an VII.

parents de degrés différents. Le frère qui vient à la succession de son frère doit acquitter un droit égal à celui qui frappe la succession de l'oncle dévolue au neveu. Le degré d'affection du « de cujus » n'est plus, en matière fiscale, le principe qui guide le législateur. De même que la succession est dévolue d'après le degré d'affection du défunt, de même la charge de l'impôt devrait être proportionnée à l'affection du « de cujus ». Puisqu'on suppose, en droit civil, que ce dernier a plus de sympathie pour ses parents au quatrième degré que pour ceux du sixième, on devrait admettre, en droit fiscal, que ce sentiment doit se traduire par le désir, chez le défunt, de faire acquitter aux premiers un impôt moins lourd qu'aux seconds. Néanmoins, les parents du quatrième au douzième degré sont assujettis aux mêmes droits.

CHAPITRE IV

Déclaration de Succession

Il est de principe dans notre législation financière qu'aucun impôt ne peut être perçu sans un document établissant la valeur de la chose imposable (1). En exigeant un titre, la loi a voulu prévenir l'arbitraire et protéger les contribuables contre les excès toujours possibles d'une fiscalité exagérée. L'impôt des mutations par décès ne fait pas exception à la règle.

A partir de l'ouverture de la succession, tout héritier, légataire ou donataire du défunt doit, en thèse générale, acquitter les droits dans le délai légal (2) et fournir en même temps la déclaration des biens qui lui sont échus.

Cette déclaration sert de base à la liquidation et à la perception de l'impôt.

Nous en examinerons les formes et nous verrons ensuite par quels bureaux elle doit être reçue, quelles personnes sont tenues de la faire, et dans quels délais elle doit intervenir.

---

(1) Les contributions directes sont perçues d'après des *rôles*
(2) *Art.* 24 L. 22 frim., an VII.

Section I

Formes de la déclaration

Les formes de la déclaration étaient déterminées par l'article 27 de la loi de frimaire. Elle devait être faite oralement par les parties, détaillée, inscrite sur les registres et signée des intéressés.

Un décret du 10 janvier 1898, (1) rendu en exécution de la loi du 6 décembre 1897, « *ayant pour objet diverses mesures de décentralisation concernant les services du ministère des finances* », règlemente le fonctionnement d'une nouvelle forme de déclaration de succession. Désormais elle se fera par écrit, sur des formules délivrées gratuitement par l'administration (2). L'article 11 de la loi du 6 décembre 1897 est ainsi conçu : « *Les déclarations de mutations par décès sont établies sur des formules fournies gratuitement par l'administration. Elles sont signées par les héritiers, donataires ou légataires, leur tuteur ou curateur. Elles sont écrites par le receveur si les parties le requièrent.* »

La déclaration reste néanmoins l'œuvre des parties quant aux biens qui en font l'objet.

(1) D.. 98. 4. 16.
(2) Voir l'appendice à la fin de la deuxième partie.

Le déclarant doit inscrire la valeur en capital des biens transmis. Les contribuables deviendront moins exposés à faire des déclartions à des bureaux incompétents car les formules contiennent des indications à ce sujet.

En principe, le déclarant n'est pas obligé de produire de titres à l'appui de sa déclaration ; le contribuable est en effet libre de l'écrire comme il l'entend. Il devra néanmoins, selon les prescriptions formulées dans la feuille de déclaration, analyser les dispositions testamentaires.

A l'égard des meubles ; le déclarant doit cependant produire un inventaire ou un état estimatif (1). Une expédition suffit s'il en a été dressé par un acte authentique.

Dans le cas contraire, l'intéressé fournit un état estimatif contenant l'évaluation des meubles, il peut être rédigé sous seing privé.

L'intérêt du contribuable est de fournir toutes les pièces justificatives qu'il pourra se procurer ; en agissant ainsi, il risquera moins d'être inquiété plus tard dans la jouissance des biens dont il a hérité.

_____

(1) *Art.* 27, Loi de frim.. an VII. « ... Les héritiers, légataires ou donataires 1apporteiont à l'appui de leurs déclarations de *biens meubles* un inventaire ou un état estimatif, article par article, par eux certifié, s'il n'a pas été fait par un officier public... »

Section II

Du bureau compétent pour recevoir la déclaration

Le bureau compétent pour recevoir la déclaration varie, suivant qu'il s'agit d'immeubles, de meubles à assiette déterminée ou à assiette indéterminée (1).

La déclaration des immeubles doit être effectuée, au bureau dans la circonscription duquel, ils sont situés. Le receveur du lieu de leur situation respective est en excellente position pour apprécier la valeur de la chose déclarée. Par conséquence, si des immeubles dépendant d'une même succession sont situés dans des cantons différents ; les héritiers seront tenus de faire des déclarations spéciales dans chacun des cantons où se trouvent les biens. Si tous les immeubles étaient affermés par une seule personne, l'estimation n'en pourrait être faite que par une ventilation. Il deviendrait nécessaire d'estimer le prix de location de chacun des lots situé dans chaque canton différent.

Une catégorie de meubles, les navires, est traitée comme les immeubles. La déclaration doit

(1) *Art*, 27. Loi du 22 frim., an vii.

en être faite au bureau d'enregistrement de leur port d'attache (1).

Les meubles à assiette déterminée doivent être déclarés au bureau du lieu de leur situation (2).

Les meubles sans assiette déterminée ; tels que les créances quelconques, les rentes sur l'Etat, les actions et obligations industrielles, la propriété artistique et littéraire, doivent être déclarés au bureau du lieu du domicile du défunt (3). Si le défunt n'a pas de domicile, le déclarant devra considérer la résidence. A défaut de domicile et de résidence connus ; les rentes sur l'Etat devront être déclarées au bureau de Paris et celles sur particulier, au bureau du domicile du débiteur. Les valeurs industrielles : actions et obligations, devront être déclarées au bureau du lieu du siège de la Société (4).

Toutes les fois qu'il peut y avoir doute sur le véritable domicile d'une personne décédée ; et que le Trésor a été spontanément désintéressé par la déclaration dans le bureau d'une des résidences ordinaires du défunt ; l'administration admet comme régulière la déclaration des héritiers, qu'elle considère comme mieux à même que qui que ce soit de connaître et d'apprécier

---

(1) Garnier. Répert Gén., n° 16191.
(2) Garnier, Repert. Gen., n° 16193.
(3) Cass.. D. 93. 1, 355.
(4) Cass. D 55, 3, 45.

6

les circonstances de fait permettant de déterminer le domicile véritable de leur auteur (1).

L'administration avait primitivement décidé
qu'une déclaration faite à un bureau incompétent serait valable ; à charge par le receveur, qui
avait indûment perçu, de rembourser le montant
des droits au receveur compétent. Cette théorie
était contraire aux principes de la comptabilité
publique. On revint bientôt sur cette interprétation, en admettant que les déclarations faites à
un bureau incompétent, seraient considérées
comme nulles. D'où il suit, que le paiement fait
de façon défectueuse n'est pas libératoire et ne
prévient pas les peines édictées contre les dé-
linquants ; les sommes versées sont irrégulière-
ment perçues. Cette solution est logique et non
rigoureuse. Il ne serait pas juste que par le
manque de vigilance des déclarants ; le receveur
compétent pût souffrir un préjudice.

SECTION III

Par qui les déclarations doivent être faites

Aux termes de l'article 27 de la loi de frimaire,
les déclarations doivent être effectuées par tous
ceux qui bénéficient de l'ouverture de la succes-

(1) Solutions du 9 décembre 1893 et du 5 janvier 1897. J. Enr.,
n° 25165, année 1897.

sion. L'obligation de déclarer s'impose donc à tous les héritiers quels que soient leurs titres et qualités, à tous les donataires universels ou à titre universel et à tous les légataires; alors même que le testament les aurait dispensés de cette obligation.

Toute formalité d'enregistrement doit être accompagnée du paiement des droits qui lui sont afférents. Examiner qui doit faire la déclaration, c'est se demander quels sont les débiteurs de l'impôt, par conséquence, fixer l'étendue de leurs obligations. A la première lecture de l'article 32 de la loi de frimaire (1), on remarque que l'action personnelle dont l'administration est investie est différemment organisée contre les *héritiers* et contre les autres successeurs.

Les héritiers sont tenus solidairement; chacun d'eux n'est pas seulement tenu d'acquitter les droits afférents à la part qu'il recueille, il est tenu des droits encourus par tous ses co-héritiers. Soit, par exemple, un ascendant en concours avec un collatéral du quatrième degré : cet héritier sera tenu non seulement du droit de 1 o/o sur sa part; mais encore du droit de 6,50 o/o sur celle de son cohéritier. La déclaration, en cas de pluralité d'héritiers, pourra donc valablement

---

(1) *Art.* 32, L. de frimaire an VII: « Les droits des déclarations des mutations par décès seront payés par les héritiers. donataires ou légataires.., les cohéritiers seront solidaires. »

être effectuée par un seul, même sans mandat de la part des autres.

La solidarité constitue une aggravation de la dette, il est de principe qu'elle ne peut se présumer. En présence de successeurs irréguliers et d'héritiers légitimes ; on doit admettre la solution contraire. La déclaration devra s'effectuer personnellement par les héritiers légitimes, d'une part, et par les successeurs irréguliers, d'autre part (1). Les légataires *à titre particulier* et les donataires en vertu de donations subordonnées à l'évènement du décès du donateur sont tenus de l'impôt, exclusivement à raison des objets qui leur sont transmis ; ils ne sont pas solidaires, et chacun d'eux peut faire isolément la déclaration en ce qui le concerne (2).

Les créanciers d'un héritier, qui se seraient fait autoriser à accepter une succession à laquelle leur débiteur aurait renoncé en fraude de leurs droits (3) sont tenus de faire une déclaration et d'acquitter les droits, d'après le degré de parenté du débiteur

La déclaration de succession, qui engendre des obligations, ne peut émaner d'un contribuable

---

(1) Depuis la loi du 25 mars 1896, il n'existe plus que trois espèces de successeurs irréguliers : le conjoint survivant. l'Etat et les Hospices.

(2) Le Code civil a rappelé le principe . « Chaque legs pourra être enregistré séparement ». *Art.* 1016, C. C., *in fine.*

(3) *Art.* 1166, C. C.

incapable de s'obliger. Les tuteurs des mineurs et des interdits sont personnellement tenus d'accomplir la formalité. En thèse générale, les représentants des successibles incapables sont tenus de déclarer les successions échues à ceux dont ils administrent les biens (1).

L'exécuteur testamentaire est astreint à faire la déclaration des legs, dont l'exécution lui est confiée (2).

Conformément au principe d'après lequel le failli demeure propriétaire de sa fortune ; nous admettrons que la déclaration des successions qui peuvent lui échoir, ne doit être faite que par lui. Le syndic de faillite ne saurait avoir qualité pour cet acte; son rôle se borne à conserver le patrimoine du failli, à liquider l'actif et à éteindre le passif. La déclaration de succession ne rentre pas dans le domaine de ses attributions.

Lorsqu'une succession est échue à la femme, la déclaration peut en être faite par le mari en sa qualité d'administrateur des biens de la femme. Néanmoins, c'est celle-ci qui encourt les conséquences de l'insuffisance commise dans l'énumération ou l'évaluation des biens. Le demi-droit en sus lui incombe personnellement et s'éteint à son décès (3).

(1) J. Enr., n° 22913, année 1887.
(2) Art. 29 in fine . L. 22 frim., an VII.
(3) Dictionnaire des droits d'enregistrement. 3me edit , Paris, Marchal, 1884 — 2me vol., p. 383, n° 71.

Il est admis, en principe, que lorsqu'un acte n'est pas déclaré personnel par une disposition expresse de la loi; ou qu'il n'est pas tel par sa nature, on peut le faire faire par mandataire. La déclaration estimative de succession est sûrement de ceux qui peuvent être faits de la sorte; il importe peu au fisc qu'elle émane de la partie elle-même ou d'un fondé de pouvoirs, pourvu qu'elle ne puisse être désavouée. « C'est ainsi que les déclarations de succession peuvent être faites par procureur; quoiqu'aux termes de l'article 27, ce soient les héritiers, tuteurs ou curateurs, qui soient tenus d'en passer déclaration. » (1).

La loi fiscale n'exige aucune forme spéciale pour un mandat relatif à la déclaration de succession. Les principes du droit commun doivent seuls servir de guide en cette matière. La procuration devra contenir, au moins en termes généraux, des pouvoirs suffisants pour donner au mandataire, le droit d'agir à la place des intéressés. Les procurations sous seing-privé sont valables, la pratique les dispense même de la formalité de l'enregistrement (2).

(1) Championniere et Rigaud. n° 3267.
(2) Dictionnaire des droits d'enregistrement, tome IV p. 128.

Section IV

Délai imparti pour la déclaration

Le délai est le temps accordé par la loi, pour faire un acte quelconque, ou pendant lequel il est interdit de faire quelque chose.

En ce qui concerne les déclarations de succession, la loi fiscale a établi les délais suivants :

Six mois, pour les successions ouvertes en France, à compter du décès (1);

Six mois, pour les biens d'un absent, échus aux envoyés en possession provisoire (2) ;

Huit mois, pour les biens situés en France, transmis par décès, lorsque le *de cujus* est décédé hors de France, mais en Europe (3);

Un an, pour les biens situés en France, transmis par décès, lorsque le décès est arrivé en Amérique (4) ;

Deux ans, pour les biens situés en France, transmis par décès, lorsque le décès est arrivé en Afrique ou en Asie (5). Les délais fixés par la loi sont immuables. Il n'appartient pas aux tribunaux de les proroger; sous quelque prétexte

(1) L. 22 fr., an VII, *art.* 24.
(2) L. 28 avril 1816, *art.* 40.
(3) L. 22 fr. an VII, *art.* 24.
(4) Même article.
(5) Même article

que ce soit. Cette faculté leur est refusée par
l'article 59 de la loi du 22 frimaire an VII. qui
interdit à toute autorité publique, de suspendre
ou faire suspendre le recouvrement des droits.

La Cour de cassation a appliqué ce principe
par un arrêt du 4 février 1807, portant qu'un
failli ne peut être autorisé à surseoir au paiement des droits d'une succession à lui échue:
sous prétexte que ses biens sont sous séques-
tre (1).

« A partir de la constitution du 22 frimaire an
VIII qui vint rétablir le droit de grâce, on a toujours considéré que le pouvoir exécutif représenté par le ministre, d'abord, et aujourd'hui par
le directeur général, a la faculté de proroger les
délais à titre gracieux » (2). Le délai se compte
généralement à partir du jour même de l'acte
ou de la mutation. On peut dire que cette règle
est absolue et ne comporte pas d'exception proprement dite. « Si le délai, pour acquitter les
droits de mutation par décès, ne court qu'à partir du jour, où l'héritier a recouvré la propriété
de ses biens, c'est parce que la mutation ne s'est
réalisée en fait, qu'à ce moment (3). »

Toute difficulté, relativement au *dies a quo*,
est supprimée par l'article 25 de la loi de frimaire (4), qui prescrit de ne pas compter le jour

(1) Cass , S 33 1.659 Dictionnaire, t. 2, p 400, n° 45.
(2) Dictionnaire. tome 2. p. 400, n° 47.
(3) Dictionnaire. tome 2, p 401. n° 55
(4) Art 25 L de frimaire « Dans les délais fixes pour les

de l'ouverture de la succession. Notre article ne s'explique pas sur le *dies ad quem* ; mais il résulte suffisamment de son silence que ce jour est compris dans le délai. « S'il en était autrement d'ailleurs, le délai imparti par la loi se trouverait augmenté de plus d'un jour, puisqu'il s'étendrait à la fois, et sur une partie du jour initial, et sur la totalité du jour terminal (1). »

Les délais de mois se comptent de quantième à quantième ; c'est-à-dire du 2 au 2, du 15 au 15 (2). Cette règle s'observe, sans égard au nombre inégal de jours, que contiennent les mois du calendrier grégorien. Ainsi le délai d'un mois, qui est de trente jours du 15 avril au 15 mai, est de trente-un jours du 15 mai au 15 juin ; et il n'est que de vingt-huit jours, du 15 février au 15 mars.

Le principe d'après lequel, le délai imparti pour déclarer est absolu et ne souffre pas d'exceptions proprement dites, comporte néanmoins des tempéraments, que la force des choses a dictés. Ils sont de deux sortes ; les uns ont été formellement prévus par la loi, les autres ne l'ont pas été, mais l'existence en est couramment admise en pratique.

I. — Exceptions prévues par la loi.

declarations. le jour de la date de l'ouverture de la succession n'est point compte »

(1) Dictionnaire. tome 2, p. 402. n^{rs} 60 et 63.
(2) Cass . 12 mars 1816. Dictionnaire t. 2. p 402, n° 65.

Le délai pour la déclaration de la succession d'un absent, échue aux envoyés en possession provisoire, ne court que du jour de l'envoi en possession provisoire (1).

Les successions échues aux héritiers des défenseurs de la patrie, morts en activité de service, ne doivent être déclarées que dans un délai de six mois, à dater de la prise de possession (2).

Le délai de six mois, ne court que du jour de la prise de possession, pour la succession aux biens d'un condamné, sequestrée; et la même solution doit s'appliquer aux successions sequestrées pour toute autre cause (3).

II. — Exceptions non prévues par la loi.

Lorsque les héritiers entrent en possession de biens, appréhendés par l'Etat, à titre de déshérence, le point de départ du délai de six mois, est le jour de la notification de la décision du ministère des finances, qui les envoie en possession (4).

C'est du jour de la décision, qui prononce l'annulation d'un testament que court, pour les nouveaux appelés le délai pour déclarer (5). Il en est de même, pour le cas où, des héritiers seraient appelés, par suite d'une décision judiciaire pro-

---

(1) *Art.* 40 : L 28 avril 1816.
(2) *Art.* 24 : L. 22 frim. an VII.
(3) *Art.* 24, L. 22 frim., an VII.
(4) Dictionnaire, tome 6, p. 272, n° 1166.
(5) Dictionnaire, tome 6 n° 1175.

nonçant l'indignité contre l'héritier qui se serait mis en possession (1).

Lorsqu'un légataire parvient à découvrir un testament dont il ignorait l'existence, il doit déclarer dans un délai qui ne courra que du jour, où il aura connu l'existence du testament (2).

En cas de mort accidentelle, demeurée inconnue, le délai ne commence à courir, que du jour où l'évènement, qui a ouvert la mutation, est devenu notoire pour l'héritier (3).

La renonciation à succession n'est pas irrévocable (4) : il se peut qn'un héritier rétracte sa renonciation. Il pourra dans ce cas déclarer dans un délai qui ne courra pas du jour du décès, mais du jour de la rétractation de la renonciation (5).

Il arrive souvent que des biens rentrent dans la succession postérieurement à la déclaration. La jurisprudence décide qu'en ce cas, le délai de la déclaration de ces biens, court du jour de leur retour à la succession (6).

L'art. 39 de la loi de frimaire prescrit une peine d'un demi-droit en sus applicable « aux héritiers, donataires ou légataires qui n'auraient pas fait,

---

(1) Dictionnaie. tome 6, n° 1172.
(2) Dictionnaie, p 272, n° 1167
(3) Dictionnaie, tome 6. p. 272, n° 1167.
(4) *Art.* 790, C. civ.
(5) Dictionnaire. id., p. 273. n° 1169
(6) J. Enr., n° 24343, année 1894.

dans les délais impartis, les déclarations de biens à eux transmis par décès. » Ce demi-droit, qui est une amende, atteint tous ceux qui sont tenus de faire la déclaration. Il ne frappe pas les intéressés qui, par leur âge, sont dispensés de faire personnellement une déclaration ; il est infligé à leurs représentants légaux.

CHAPITRE V

─────

De la liquidation de l'impôt

L'impôt des mutations par décès frappe tous les biens que possédait le défunt au moment de sa mort. La détermination des choses qui rentrent dans cette définition est une opération indispensable à la perception. Il faut donc examiner quels biens peuvent être considérés comme ayant été la propriété du *de cujus*, à l'instant du décès, et les liquider, c'est-à-dire en obtenir la valeur. Ces deux points feront l'objet de ce chapitre.

SECTION PREMIÈRE

Détermination de l'actif du défunt

A l'actif du défunt doivent figurer exclusivement les biens qui ont une consistance actuelle, et dont la propriété ne dépend d'aucune éventualité.

Ce principe fait exclure de la composition du patrimoine les droits subordonnés à l'événement d'une condition suspensive ; l'impôt ne doit les atteindre qu'après l'arrivée de la condition. Il doit en être de même des droits litigieux ; la sentence finale qui termine le procès est assimilable à l'événement de la condition suspensive. Jusqu'à ce moment, en effet, les droits n'ont pas de consistance actuelle, puisque leur existence est en question.

On a soutenu que le principe de liquidation applicable aux créances à recouvrement incertain était non pas la déclaration estimative des parties, mais bien le capital exprimé dans l'acte d'obligation. On a considéré ensuite, comme une faveur de l'administration, l'immunité des créances irrécouvrables ; puis on a admis que la condition de cette immunité était la déclaration, par le créancier, qu'il renonce aux créances douteuses (1). Ce système présente des difficultés inextricables au point de vue des successions dévolues aux incapables, ou acceptées sous bénéfice d'inventaire. « En somme, on ne peut prendre une telle renonciation au sérieux, ce serait une spoliation ; en la prenant pour ce qu'elle est, c'est un non-sens » (2).

Il semble plus logique, de laisser l'héritier déclarer les créances sur des débiteurs soupçonnés insolvables, pour mémoire, en alléguant l'insolvabilité. Si l'allégation est fausse, l'administration pourra toujours percevoir un droit en sus pour insuffisance de déclaration. Ce système est

(1) Demante. t. 2, p. 393 et s.
(2) Demante. t. 2. p. 395.

conforme à la disposition de la loi qui veut que la seule estimation des parties préside à la déclaration (1).

L'impôt frappe tous les biens possédés par le défunt à titre de propriétaire, ainsi que les droits qui font retour à sa succession postérieurement au décès. Le bien est acquis *jure hereditario* et n'échappe pas à la taxe, pourvu que le principe du retour réside dans une cause antérieure à la mort (2).

La déclaration doit s'appliquer à tous les biens qui ne sont pas définitivement sortis du patrimoine du défunt ; alors même que des formalités destinées à dessaisir le « *de cujus* » auraient été commencées de son vivant. Il peut arriver, par exemple, qu'un immeuble ait été offert par le défunt sans que l'acceptation soit intervenue. La donation n'est pas valable parce qu'elle n'est pas parfaite sans l'acceptation. L'immeuble

(1) Demante, t. 2. p. 390 et s.

(2) Le principe de l'application de l'impôt aux biens qui font 1etour à la succession *jui e heredita1 io*, est sanctionné sans aucune discontinuite par la Ju1ispi udence de la Cour de Cassat1on.

« *Le droit de mutat1on par décès*, est-il dit dans un arrêt 1endu en notre espèce, porte sur *tout ce qui a fait partie du patrimoine du défunt.*» Ch. civ., Cass. 7 février 1872 : D. 72. 1. 209.

Suivant un autre arrêt, les disposit1ons de la loi fiscale relat1ves a la percept1on de cet impôt, « *conçues dans les te1 mes les plus géné1 aux, ont entendu embrasser tous les biens qui seront re cueill1s à t1tre hé1 éd1taire à quelque époque que ce soit.*» Ch. civ. Cass. 5 mars 1883 : D. 83. 1. 396. En ce sens également : Cass., 19 juillet 1887 : D. 88. 1. 121.

reste partie du patrimoine et doit être soumis à la taxe.

Tous les fruits civils ou naturels doivent s'ajouter à la masse imposable et supporter la liquidation du droit.

Lorsqu'un titre est affecté d'une condition, deux personnes ont un droit sur la chose. La condition est toujours *suspensive* à l'égard d'une partie et *résolutoire* à l'égard de l'autre. Le propriétaire est la personne à l'égard de laquelle la condition est résolutoire ; elle reste propriétaire jusqu'à l'événement de la condition. Quand une succession s'ouvre *pendente conditione,* le point important est de discerner si la condition est résolutoire ou suspensive à l'égard du défunt. Si elle est résolutoire, l'impôt doit être perçu ; le bien faisait partie de son patrimoine ; le droit acquitté ne peut plus être restitué. Si elle est suspensive, la taxe n'est exigible qu'à partir de l'événement de la condition.

Les acquisitions de valeurs coïncidant avec le décès et profitant aux héritiers sont soumises à l'impôt. Les indemnités provenant d'un contrat d'assurance sur la vie sont les exemples les plus fréquents de ces sortes de mutation. L'art. 6 de la loi du 21 juin 1875 s'exprime en ces termes à ce sujet :

« Sont considérées, pour la perception du droit de mutation par décès, comme faisant partie de la succession d'un assuré, sous la réserve

du droit de la communauté, s'il en existe une,
les sommes, rentes ou émoluments quelconques
dus par l'assureur à raison du décès de l'assuré.

« Les bénéficiaires à titre gratuit de ces
sommes, rentes ou émoluments sont soumis aux
droits de mutation suivant la nature de leurs
titres et leurs relations avec le défunt, conformément au droit commun. »

Le cas le plus fréquent d'assurance sur la vie
consiste dans l'établissement du bénéfice de l'assurance au profit de la personne même qui
s'assure ; elle est à la fois contractant et assuré ;
c'est dans ce cas seulement que le droit de mutation régi par la loi du 21 juin 1875 est exigible.
L'assurance contractée sur la tête d'un tiers ne
tombe pas sous l'application de la loi du 21 juin
1875. Dans ce genre d'assurance, le contractant
qui verse les primes stipule qu'au décès d'un
tiers quelconque indiqué, la Compagnie assureur
payera le capital ou la rente convenue soit à
lui-même, soit à tout autre bénéficiaire. Pour le
cas où l'assurance serait payable au contractant,
celui-ci reçoit ce qu'il a stipulé pour lui-même,
et il est certain qu'au décès de l'assuré, qui n'a
joué qu'un rôle purement passif, il ne s'opère
aucune transmission entre ce dernier et le contractant. Néanmoins, si l'on s'en tenait aux
termes formels de la loi de 1875, le montant de
l'assurance est bien dû « par l'assureur à raison
du décès de l'assuré ». Il faudrait décider que la

7

somme devrait être considérée comme faisant partie de la succession de l'assuré. Mais l'emploi de ces expressions provient de ce que le législateur n'a eu en vue que le cas le plus fréquent : celui où le contractant et l'assuré sont la même personne (1).

L'apparence de la propriété est la condition suffisante pour la perception de la taxe. Les titres, les présomptions légales des articles 553 et 2279 du Code civil peuvent être invoquées par l'administration. Les particuliers ne peuvent opposer aucun moyen contre un acte écrit ; ils ne peuvent pas se prévaloir de l'existence de contre-lettres.

Il existe certains biens qui ne font pas partie du patrimoine du défunt, en raison de la cause qui les fait se trouver apparemment dans la masse active. Nous examinerons les faits juridiques qui donnent naissance à ce genre de possession.

I. *Mandat.* — Les actes faits par le mandataire sont considérés comme faits par le mandant lui-même, les choses qu'il acquiert, en exécution du mandat, se trouvent directement acquises au mandant et la propriété n'en est pas acquise d'abord par lui pour être ensuite transmise au

(1) Dumaine. « Du contrat d'assurance sur la vie et des droits de mutation auxquels il donne lieu. » Paris, Delamotte, 1883, 1 vol. pages 5 et 65.

mandant. C'est en raison de cette conception que les biens acquis à titre de mandataire par le défunt ne sont pas considérés comme faisant partie de son patrimoine et ne doivent pas supporter l'impôt. Cette proposition est évidente quand les choses sont des corps certains, elle est admise même quand il s'agit de choses de genre.

II. *Dépôt.* — La même doctrine s'applique, sans difficulté, aux dépôts de sommes et objets mobilers chez les officiers publics . Au décès de ces officiers le montant des dépôts sera donc distrait de l'actif de leur succession.

Quant au dépôt de sommes chez des particuliers ; la loi par mesure préventive de la fraude en a assujetti l'objet à la perception du droit proportionnel. Le motif de cette disposition est que le dépôt de choses de genre, qualifié en droit civil *dépôt irrégulier*, présente tant d'analogie avec le prêt de consommation que la loi, pour éviter toute fraude, l'a déclaré translatif de propriété. Comme le disent MM. Championnière et Rigaud : « Si la loi tarife au droit d'obligation les dépôts de sommes chez les particuliers, c'est qu'il serait trop aisé de déguiser le prêt sous la forme d'une reconnaissance de dépôt ; elle a supposé la fraude dans le but de l'éviter. » Ainsi les sommes déposées chez des particuliers sont censées faire partie de leur patrimoine au jour du

décès, la loi présume qu'il y a eu non un véritable dépôt, mais un simple prêt.

III. *Commodat.* — Les choses prêtées en
vertu d'un commodat sont censées ne pas faire
partie de la succession de l'emprunteur. Celui-ci
n'a que la jouissance de la chose dont le prêteur
conserve la propriété; l'objet d'un tel contrat ne
saurait servir de base à l'impôt.

IV. *Mutuum.* — S'il a été convenu au contraire que l'emprunteur aurait non seulement le
droit de jouir de la chose, mais le droit d'en disposer à la charge par lui de restituer une chose
semblable, il y a alors prêt de consommation ou
mutuum. Le prêteur perd la propriété de la chose
qui est acquise à l'emprunteur du moment où
elle lui a été livrée. C'est en raison de ce transfert de propriété que l'objet du mutuum est una-
nimement considéré comme partie de la masse
imposable, à la mort de l'emprunteur.

V. *Gage.* — L'objet donné en gage étant remis
au créancier pour sûreté de la dette reste la
propriété du débiteur. Cela est vrai pour les
corps certains; mais on l'admet aussi pour les
choses de genre. Les objets donnés en gage ne
devront donc pas être comptés dans l'actif de la
succession du créancier gagiste.

VI. *Usufruit.* — Dans le cas d'usufruit

proprement dit, c'est-à-dire quand le droit de
jouir porte sur des corps certains, les objets qui
étaient soumis à l'usufruit ne doivent pas entrer
en ligne de compte dans l'évaluation de la succession de l'usufruitier. En effet, l'usufruitier n'a
sur ces objets qu'un droit de jouissance qui se
trouve éteint par suite de son décès. Il n'a sur
eux aucun droit de propriété et à sa mort ces objets ne font pas partie de son patrimoine.

Il en est de même au point de vue fiscal dans
le cas de quasi-usufruit ; c'est-à-dire quand le
droit de jouir porte sur des choses de genre.
Aussi la réunion du quasi-usufruit à la nue-
propriété par voie d'extinction n'est soumise à
aucun droit proportionnel. « C'est en vertu de
son droit propre, *jure suo non jure cesso* que le
propriétaire recouvre son plein pouvoir sur la
chose. Il ne tient donc rien de l'usufruitier, il
n'est pas son ayant cause. Toute idée de transmission est donc écartée » (1).

Les sommes et valeurs faisant l'objet de quasi-
usufruit doivent être distraites de la succession
du quasi-usufruitier.

SECTION II

Evaluation des biens

L'évaluation du capital imposable est une

(1) Demante, n° 751.

opération indispensable à la perception de l'impôt. Les charges qui grèvent le patrimoine n'entrent pas en considération au point de vue de la diminution de valeur qu'elles occasionnent à l'ensemble de l'hérédité. On étudiera les principes qui servent de guides à l'évaluation, la règle de la non-déduction du passif et la répression au cas d'insuffisance dans l'évaluation.

§ I. *Evaluation des biens*

L'évaluation de l'actif du défunt procède de règles différentessuivant qu'il s'agit d'immeubles, de meubles corporels ou de meubles incorporels..

I. *Immeubles*. — En matière de mutation par dècès, la valeur de la chose transmise s'obtient par des moyens spéciaux. Un immeuble transféré entre vifs est estimé d'après les déclarations des parties et les actes qu'elles ont souscrit. En cas de transfert par succession, le législateur, dominé par la pratique des droits féodaux, a prescrit une évaluation par le moyen de la capitalisation du revenu.

Le capital à obtenir avait été fixé par la loi de frimaire à un produit égal au revenu multiplié par 20, sans distinction pour tous les immeubles (1). La loi du 21 juin 1875 a posé le principe d'une subdivision entre les immeubles ur-

(1) *Art*. 15. 7º, L. 22 frim. an vii.

bains et les immeubles ruraux : elle a augmenté le capital de ces derniers en le portant à un produit égal à 25 fois le revenu (1).

Les revenus des immeubles sont déterminés par le prix des baux courants au jour du décès. Un bail est courant au jour du décès, lorsqu'il existe ; c'est-à-dire qu'il est écrit et qu'il est en vigueur à l'instant où la transmission héréditaire s'opère (2). Les locations verbales, si bien constatées soient-elles, ne rentrent pas dans la définition des baux courants au moment du décès.

Le délai accordé à l'administration pour faire constater par voie d'expertise une fausse évaluation dans une déclaration est de deux ans à compter du jour de cette déclaration (3).

La loi de frimaire évalue l'usufruit immobilier à la moitié de la valeur de la pleine propriété (4).

---

(1) Selon M. Bertauld, rapporteur de la loi de 1875; voici quel est le critérium de la distinction entre les fonds ruraux et les fonds urbains. « C'est la nature et non la situation d'un fonds qui doit être considérée pour savoir s'il est rural ou urbain. Le caractère de l'immeuble se détermine par sa principale destination.

Est urbain l'immeuble principalement affecté a l'habitation ou a un usage, soit industriel. soit commercial. Est rural, l'immeuble principalement affecté a la production des fruits naturels ou artificiels, terre labourable ou vignoble »

(2) Molineau ; « Manuel des déclarations de succession, » 2ᵐᵉ partie, n° 1226.

(3) Art. 61, n° 1, L. 22 frim , an VII.

(4) La disposition de l'article 14, n° 11 de la loi de frimaire attribue formellement cette valeur a l'usufruit mobilier.

Il résulte en effet de l'art. 15, nᵒˢ 7 et 8, de la loi de frimaire, que la valeur imposable en cas de transmission d'usufruit est obtenue par la capitalisation du revenu par 10 au lieu de 20 pour les immeubles urbains ; par 12 1/2 au lieu de 25 pour les immeubles ruraux (1).

L'acquéreur de la nue-propriété acquitte l'impôt sur la valeur entière de la chose transmise. On a de tout temps admis cette solution en doctrine et en jurisprudence, parce que la loi organique de l'enregistrement ne parle pas des mutations de nue-propriété ; elle ne s'occupe que des mutations en pleine propriété et en usufruit.

II. *Meubles corporels.* — L'estimation des meubles corporels est fournie par les déclarations des parties (2), dont la sincérité peut être contrôlée au par les moyens indiqués par l'art. 3 de la loi du 21 juin 1875, ainsi conçu :

« La valeur de la propriété et de l'usufruit des biens meubles est déterminée, pour la liquidation et le paiement du droit de mutation par décès :

« 1° Par l'estimation contenue dans les inventaires ou autres actes passés dans les deux années du décès :

« 2° Par le prix exprimé dans les actes de

---

(1) *Art.* 2. L. du 21 juin 1875
(2) *Art.* 14, n. 8 : L. 22 frim an VII

vente, lorsque cette vente a lieu publiquement et dans les deux années qui suivent le décès. Cette disposition s'applique aux objets inventoriés et estimés conformément au § 1, et dont l'évaluation serait inférieure au prix de vente.

« 3° Enfin à défaut d'inventaire, d'actes ou de vente, par la déclaration faite conformément au § 8 de l'art. 15 de la loi du 22 frimaire an VII, le tout sans distraction des charges.

« L'insuffisance dans l'estimation des biens déclarés sera punie d'un droit en sus, si elle résulte d'un acte antérieur à la déclaration. Si au contraire l'acte est postérieur à cette déclaration, il ne sera perçu qu'un droit simple sur la différence existant entre l'estimation des parties et l'évaluation contenue aux actes.

« Les dispositions qui précèdent ne sont applicables ni aux créances, ni aux rentes, actions, obligations, effets publics et tous autres biens meubles dont la valeur et le mode d'évaluation sont déterminés par des lois spéciales. »

III. *Meubles incorporels.* — Les rentes sur l'Etat français, les rentes sur particuliers, les valeurs incorporelles françaises et les valeurs de la même espèce étrangères sont soumises à l'impôt des mutations par décès.

I. *Rentes sur l'Etat français.* — Sous le régime de la loi de frimaire, les inscriptions sur le grand-livre de la dette publique, étaient exemptes de toute formalité et de tout droit d'enregistrement (1). Cette immunité, fondée sur des motifs de probité, a disparu depuis la loi du 18 mai 1850. L'art. 7 de cette loi porte que « *les mutations par décès et les transmissions entre-vifs sur le grand-livre de la dette publique, seront soumises aux droits établis pour les successions ou donations.* »

II. *Rentes sur particuliers.* — Aux termes de l'art. 1909 du Code civil, « on peut stipuler un intérêt moyennant un capital que le prêteur s'interdit d'exiger. » Dans ce cas, le prêt prend le nom de *constitution de rente.* Lorsque le bénéfice d'une pareille convention échoit par succession, l'estimation de la rente est obtenue selon les règles suivantes.

La rente peut être constituée en perpétuel ou en viager. La rente viagère s'éteint par la mort de la personne sur la tête de qui elle est constituée, et elle n'est pas sujette au rachat. La nature aléatoire de cette convention établit entre elle et la rente perpétuelle une différence profonde. Toutefois, la division dominante, dans l'évaluation, n'est pas là, elle est entre les rentes constituées avec ou sans expression de capital.

Quand la rente est constituée avec expression de capital, le droit proportionnel est déterminé, dit la loi, par le capital constitué et aliéné (2).

(1) *Art.* 70, § 3, n° 3. L 22 frim. an VII.
(2) *Art.* 14. n° 6, L. 22 frim. an VII.

« *Pour les rentes et pensions créées sans ex-pression de capital*, leur valeur est obtenue à raison d'un capital formé de vingt fois la rente perpétuelle et de dix fois la rente via-gère ou la pension. »

III. *Valeurs incorporelles françaises.* — Les valeurs de toutes espèces françaises sont éva-luées, pour la liquidation du droit de mutation par décès, à raison du cours moyen de la Bourse au jour du décès (1). Relativement aux valeurs non libérées, il y a lieu de déduire du chiffre nominal du cours de la Bourse le montant des versements restant à faire (2).

IV. *Valeurs étrangères.* — La loi de fri-maire ne prévoyait pas l'évaluation des valeurs incorporelles étrangères et en l'absence de texte, ces biens échappaient à l'impôt. Cet oubli a été réparé par les lois du 18 mai 1850 et du 23 août 1871.

La loi du 18 mars 1850 (3) assujettit aux droits établis pour les successions et donations : « Les mutations par décès de fonds publics et d'ac-tions (4) des compagnies ou sociétés d'industrie et de finance étrangères, dépendant d'une suc-cession régie par la loi française et les trans-

(1) *Art.* 7, L. 18 mai 1850
(2) Demante, nº 688
(3) *Art.* 1, L. 18 mai 1850.
(4) ou d'obligations (*art.* 11, L. 13 mai 1863).

missions entre vifs à titre gratuit de ces mêmes valeurs au profit d'un français ».

Ces dispositions ont été complétées par la loi du 23 août 1871, dont les articles 3 et 4 sont ainsi conçus :

Art. 3 : « Les dispositions de l'article 7 de la loi du 18 mai 1850, concernant les valeurs mobilières étrangères, dépendant des successions régies par la loi française et les transmissions entre-vifs à titre gratuit de ces mêmes valeurs au profit d'un français sont étendues aux créances, parts d'intérêt, obligations des villes, établissements publics et généralement à toutes les valeurs mobilières étrangères de quelque nature qu'elles soient ».

Art. 4 : « Sont assujettis aux droits de mutation par décès : les fonds publics, actions, obligations, parts d'intérêt, créances et généralement toutes les valeurs mobilières étrangères, de quelque nature qu'elles soient, dépendant de la succession d'un étranger domicilié en France avec ou sans autorisation. Il en sera de même des transmissions entre vifs à titre gratuit ou onéreux de ces mêmes valeurs lorsqu'elles s'opèreront en France. »

§ 2. — *Principe de la non distraction des charges*

Les articles 14, n° 8 et 11 et 15, n°ˢ 7 et 8 de la

loi de frimaire, prescrivent que l'impôt doit être perçu sur l'actif de la succession « *sans distraction des charges* ».

En matière fiscale, le principe que tout patrimoine ne se considère qu'en tenant compte des dettes n'est pas applicable. Un cohéritier qui par le fait des dettes de la succession ne sera tenu envers les créanciers, que pour une part infime sera obligé d'acquitter entre les mains du fisc les droits de mutation sur la valeur brute de la succession.

La loi est muette sur la définition du mot charges; la doctrine, la jurisprudence, le fisc lui-même ont adopté dans ce domaine des solutions favorables au contribuable.

Les frais funéraires, les dettes contractées par le défunt, les dépenses d'entretien sont regardés comme des charges. Les prélèvements à opérer par des tiers en vertu d'un droit qui leur appartient ne sont pas considérés comme des dettes. Il en est ainsi de tous les corps certains dont le défunt se trouvait nanti à son décès comme dépositaire, mandataire, antichrésiste ou créancier gagiste.

Lorsqu'en vertu d'un droit une personne peut revendiquer un objet parmi les choses composant la succession, il n'y a pas de charge proprement dite.

Nous avons vu que tous les biens dont le *de cujus* avait la possession à titre simplement

précaire au moment de son décès, ne doivent pas
figurer dans l'énumération des valeurs comprises
dans la masse imposable. Ils doivent être déduits de l'actif de la succession, l'impôt ne les
atteint pas. Toutes les choses que le défunt aurait acquises comme mandataire, dépositaire s'il
s'agit d'un officier public), ou quasi-usufruitier
seront donc distraites de l'actif héréditaire (1).

Il existe d'autres obligations qui constituent
véritablement des charges de la succession et
dont la déduction a été de tout temps admise,
nous voulons parler des legs, des donations et
des reprises matrimoniales.

I. *Legs.* — Les legs forment la catégorie la
plus importante des dettes dont le montant est
déduit de l'actif successoral.

La jurisprudence et l'administration ont toujours admis que les legs de genre ne constituaient pas à proprement parler une charge de
la succession. La même solution fut adoptée sans
hésitation pour les legs de corps certains (2).

Nous ne pouvons qu'approuver ces idées ;
l'objet du legs devient la propriété du légataire
a die mortis, sa valeur ne fait pas partie de la
succession ; et les biens légués ne sont pas lais-
sés aux héritiers (3).

(1) Demante, n° 692 et s.
(2) Cass., 25 juin 1862: D. 62. 1.371.
(3) *Art.* 1014, C. civ.

Le même principe est admis pour le cas où les sommes léguées sans se trouver en numéraire dans la succession, s'y rencontrent sous forme de meubles.

L'administration avait primitivement décidé qu'il ne fallait pas déduire de la masse successorale les legs de sommes d'argent, lorsqu'ils n'étaient pas représentés dans la succession par des valeurs mobilières. Elle percevait en outre un second droit sur le legs même. Ce système conduisait à reconnaître que le chiffre de la fortune rendu apparent par la transmission héréditaire est équivalent à la valeur du montant de la succession augmentée de la valeur des choses léguées.

Un avis du Conseil d'Etat du 10 septembre 1808 formula définitivement le principe de la non-assimilation du legs particulier payé d'après la volonté du testateur, à une dette de la succession.

Il résulte en outre des termes de cette décision que le droit de mutation n'est pas dû, en même temps, sur la totalité de la masse transmise et sur le montant des legs particuliers (1).

Lorsque le legs particulier mis par le testateur à la charge de l'héritier ou légataire universel est fait sous condition, il y a lieu de distinguer si la condition est résolutoire ou suspensive.

(1) Naquet, t. 2, n° 1017.

La condition résolutoire n'entrave pas l'exécution de l'obligation : le legs est acquis au légataire dès le jour du décès du testateur (1).

La liquidation des droits applicables à la succession de l'héritier ou du légataire universel comporte déduction de la valeur de la chose léguée pour le cas où ils viendraient à décéder avant l'évènement de la condition, le legs n'étant pas acquitté.

En vertu du principe de la rétroactivité de la condition, le légataire, à l'arrivée de l'évènement qui résout son droit est censé n'avoir jamais dû bénéficier du legs. L'héritier ou le légataire universel sont considérés comme l'ayant seul recueilli avec l'ensemble de la succession du testateur dès le jour de son décès.

Si la condition est suspensive, le légataire particulier n'acquiert aucun droit avant son événement. Jusqu'à ce moment, le legs continue à faire partie de la succession recueillie par l'héritier ou légataire universel. Au décès de celui-ci, survenu avant l'événement de la condition, les droits de mutation doivent être perçus sur l'ensemble de la succession recueillie par lui, sans déduction de la valeur du legs (2).

En vertu de l'effet rétroactif de la condition, le légataire particulier sera considéré comme

(1) Art. 1183, C. civ.
(2) Cass. 28 nov. 1893; S. 94. 1. 369. et la note.

tenant son droit du testateur. Il semblerait donc qu'il y ait lieu de restituer les droits perçus sur ce legs lors du décès de l'héritier ou légataire universel et qui, par suite de la rétroactivité de la condition, se trouvent avoir été perçus indûment.

Mais l'art. 60 de la loi de frimaire s'oppose à toute restitution, car les droits ont été légalement perçus.

II. *Donations.* — Lorsque le donateur d'une somme d'argent ou de toute autre chose de genre, payable à son décès, meurt, la somme qu'il a donnée doit-elle être considérée comme faisant partie de son patrimoine au jour de son décès, et doit-elle supporter les droits de mutation ?

La Cour de cassation décida primitivement, par deux arrêts des 8 juillet 1822 et 15 mars 1825 (1), que, dans les cas où elle admettait qu'une somme payable au décès du donateur constituait une donation de biens présents, cet acte devait être soumis au droit proportionnel lors de la donation. La Cour admettait, en conséquence de sa doctrine, par deux nouveaux arrêts, des 18 février et 1er avril 1829 (2), que la somme donnée étant censée avoir cessé de faire partie du patrimoine du donateur au jour de la

(1) S , 1822. 1. 434 S., 1826. 1 15
(2) S., 1829. 1.97 et 283.

8

donation, la liquidation de la succession devait en comporter distraction.

Cette théorie fut en faveur pendant un certain temps, puis un arrêt du 2 avril 1835 (1) jugea qu'une donation ainsi faite à un étranger constituait une charge de la succession insusceptible de déduction.

La théorie primitive se trouvait donc restreinte au cas où la donation n'était pas faite à un étranger : dans l'espèce de l'arrêt de 1829, le donataire était un parent en ligne directe. La Cour décidait encore (2), dans un arrêt du 28 juin 1849, que les sommes données, payables au décès du donateur, *sont des dettes ou charges de la succession, toutes les fois que le donataire n'a aucune part à prendre dans l'hérédité*, et que, par suite, il n'y a pas lieu de les déduire de la succession du donateur.

Peu de temps après, la Cour suprême reconnut que les seuls héritiers en ligne directe pouvaient bénéficier de la distraction des sommes données du patrimoine héréditaire (3).

Aucune raison sérieuse n'existait pour restreindre l'application du principe de la déduction aux héritiers en ligne directe, puisque les collatéraux sont, aussi bien qu'eux, des héritiers *ab intestat*.

(1) S 1839 1. 392.
(2) S . 1849 1. 652.
(3) S . 1849 1. 763 . S.. 1856 1. 822.

L'administration dénia alors même aux héritiers en ligne directe le droit d'opérer la distraction des sommes données, et la Cour de cassation lui donna raison (1).

La question semblait définitivement tranchée, lorsque, par un arrêt du 30 juillet 1862, la Cour revint à son premier système (2).

III. *Reprises matrimoniales.* — Nous distinguerons, à propos des reprises matrimoniales de la femme, entre les régimes sans communauté et le régime de communauté.

§ 1. — *Régimes sans communauté*

a. Restitution des biens dotaux et paraphernaux en nature

Les biens meubles et immeubles qui, dans le contrat de mariage, ont été désignés comme appartenant à la femme, sont sa propriété et, lorsqu'ils existent en nature, ne peuvent, à ce titre, faire partie de la succession du mari.

Ainsi la restitution de ces biens dotaux ou paraphernaux n'encourt aucun droit proportionnel ; ils doivent donc être distraits de la succession du mari pour la liquidation du droit de mutation par décès.

---

(1) Cass. 13 nov. 1860: S., 1861. 1. 375.
(2) Cass. 30 juill. 1862. S , 62. 1. 991; J Enr ; année 1898;
n° 25499.

b. **Restitution des biens dotaux en valeur**

La Cour de cassation décida, par un arrêt du 30 janvier 1866, que lorsque la dot consistait en sommes, valeurs ou choses fongibles, le droit encouru lors de sa restitution était non pas un droit proportionnel, mais un droit fixe de décharge parce que le mari était considéré, en ce cas, comme un administrateur et non comme un débiteur (1).

Il résultait de cette décision que la femme est censée opérer la reprise de sa dot, en qualité de propriétaire, et qu'il y avait lieu de déduire le montant de cette dot de la succession du mari, pour le calcul des droits de mutation.

Cette solution était en parfaite harmonie avec celle que la Cour avait admise en matière de quasi-usufruit, à savoir qu'au décès du quasi-usufruitier il fallait, pour le calcul des droits de mutation, déduire de sa succession les sommes dont il avait la jouissance (2).

La situation du mari à l'égard des deniers dotaux présente en effet une analogie complète avec celle d'un quasi-usufruitier, il est logique de les assimiler sur ce point.

La question semblait définitivement tranchée quand, par un revirement soudain, la Cour de

(1) S . 1866 1 224 Demante. n° 637
(2) S., 1865. 2 243.

cassation se rallia à une théorie diamétralement opposée. Par un arrêt du 11 août 1869, elle admit en effet que quel que soit le régime adopté par les époux, l'action qui appartient à la femme sur les biens du mari, à l'effet d'obtenir le remboursement de sa dot, se fonde non sur un droit de propriété, mais sur un droit de créance, et que cette charge de la succession du mari ne doit pas être distraite des valeurs déclarées pour la liquidation et la perception des droits de mutation par décès (1).

Ainsi, actuellement, sous les régimes sans communauté, la femme survivante est considérée comme créancière lorsqu'elle recouvre ses reprises dotales en valeur sur les biens du mari prédécédé. La dette des reprises constitue une charge qui n'est pas déduite de la succession du mari pour la perception des droits.

Cette nouvelle doctrine est regrettable, car elle est en parfaite contradiction avec les théories admises au cas de quasi-usufruit.

§ 2. — *Régime de communauté*

a. **Reprises en nature**

L'exercice des reprises des biens propres aux époux n'entraîne pas la perception d'un droit proportionnel, que la femme renonce à la com-

(1) S , 1869. 1. 477.

munauté ou qu'elle l'accepte. Au décès de l'un
des conjoints, on ne tient pas compte, pour la
liquidation du droit de mutation , des reprises
des biens propres exercées en nature par le survivant. Ces biens sont la propriété du survivant
et n'appartiennent pas à la succession du pré-
mourant.

Il n'en est plus de même lorsque les époux
exercent leurs reprises en valeur. Il faut alors
distinguer si la femme accepte la communauté
ou y renonce.

b. Reprises en valeur en cas d'acceptation de la communauté

*1° Exercice des reprises des époux sur les biens
de la communauté.*

Une décision du Ministre des Finances, du 18
juillet 1817, reconnaît qu'aucun droit proportionnel ne doit être encouru lors de la restitution
des reprises des époux. Elle pose en principe
que la propriété des héritiers du prédécédé, dans
la communauté, ne se compose que de la portion
qui leur revient après l'exercice des reprises du
survivant. Les droits de mutation ne doivent
s'acquitter que sur la portion ainsi déterminée.
Ainsi, dans la liquidation des biens de la communauté après le décès de l'un des conjoints, il
y a lieu d'admettre la distraction des reprises de
l'époux survivant et de ne percevoir les droits de

succession que sur la portion des biens de la communauté qui revient aux héritiers après l'exercice de ces prélèvements.

Cette décision fut toujours observée par l'administration.

2° Exercice des reprises de la femme sur les biens propres du mari.

Les reprises du mari ne peuvent s'exercer que sur les biens de la communaute; en aucun cas sur les biens de la femme (1). Mais la femme, en cas d'insuffisance de la communauté, peut prélever ses reprises sur les biens propres du mari.

Dans ce cas, elle est considérée comme créancière, parce qu'elle n'a aucun droit de propriété sur les biens de son conjoint. On devra donc appliquer, en cette matière, les solutions admises par la jurisprudence relativement à la restitution de la dot en valeur sous les régimes sans communauté. Ces reprises ne sont pas susceptibles d'être déduites de la succession du mari pour la liquidation du droit de mutation par décès, à moins que la succession ne contienne des sommes ou valeurs qui puissent en être considérées comme la représentation.

c. Reprises en valeur en cas de renonciation à la communauté

Au point de vue civil, la question de savoir à

(1) *Art.* 1472, C. civ.

quel titre la femme renonçante exerçait ses reprises a fait l'objet d'une célèbre controverse, au cours de laquelle la jurisprudence a changé plusieurs fois d'avis.

Pendant la première moitié du siècle, la jurisprudence admettait que la femme exerçait ses reprises à titre de créancière en cas de renonciation comme en cas d'acceptation de la communauté (1).

Ayant à juger la question en matière civile, la Cour, par un arrêt du 15 février 1853, suivi de beaucoup d'autres, décida que la femme, qu'elle accepte ou non la communauté, exerce ses reprises, à titre de propriétaire et non de créancière, sur les biens de la communauté (2).

Puis la Cour de cassation appliqua, en matière fiscale, les principes qu'elle avait admis en matière civile (3). Il s'ensuivit que l'exercice des prélèvements, pour la femme renonçante, fut soumis à un droit fixe. La valeur des biens prélevés était déduite de l'actif composant la part des héritiers du mari (4).

Par un arrêt du 16 janvier 1858, rendu toutes

(1) Cass., 10 août 1830. S., 1830. 1. 315 . 28 août 1838, S , 1838 1. 809.
(2) S., 1853. 1. 145.
(3) Cass. 2 janv. 1855, S., 1855. 1. 10: 8 mai 1855, S., 1855. 1 530.
(4) Cass. 10 juillet 1855 , S., 1855. 1. 530.

Chambres réunies, la Cour revint à ses premières doctrines (1).

Cet arrêt, rendu en matière civile, réagit sur la pratique fiscale, et les biens prélevés recommencèrent à n'être plus déduits de l'actif de la communauté formant un élément de la succession du mari, pour la liquidation de l'impôt des mutations par décès.

Telle est la jurisprudence qui predomine aujourd'hui. Les reprises de la femme renonçante, comme celles que la femme acceptante exerce subsidiairement sur les biens propres du mari, et comme les reprises dotales de la femme sous les régimes sans communauté, ne doivent pas être distraites de la succession du mari.

§ 3. — *Insuffisance dans l'évaluation, contrôle et répression*

L'évaluation des biens dépend des déclarations faites par les parties elles-mêmes. Des fraudes peuvent être commises par suite de l'insuffisance volontaire des déclarations. Ces fraudes sont frappées d'une peine par la loi. Nous distinguerons entre les immeubles et les meubles.

Immeubles. — Lorsqu'il s'agit d'une insuffisance relativement aux immeubles, les contre-

(1) S , 1858. 1 9 Cass 1er dec. 1858 S 1859 1 113. 15 mais 1859 S. 1859. 1. 193.

venants sont passibles de la perception d'un droit en sus calculé sur la différence entre la valeur déclarée et la valeur réelle (1). Les moyens de preuve mis au service de l'administration sont au nombre de trois : les aveux du contribuable, les actes et l'expertise. Les frais de l'expertise sont uniquement supportés par les contrevenants (2).

Meubles. — Pour les meubles, la question est réglée par l'article 3 de la loi du 21 juin 1875. Le seul moyen accessible à l'administration pour prouver la fraude est la preuve littérale résultant d'actes écrits (inventaires, partages, ventes) antérieurs ou postérieurs au décès intervenus dans un délai de deux ans avant ou après le décès. La peine varie suivant que l'insuffisance est démontrée par des actes antérieurs ou postérieurs au décès. Dans le premier cas l'amende est d'un droit en sus. Si l'insuffisance a été constatée par des écrits postérieurs au décès, il suffit que le contribuable paie un droit supplémentaire pour les objets omis. Dans les deux cas l'action en recouvrement de l'administration se prescrit par deux ans à compter du décès (3).

(1) Loi du 22 frim. an VII; Art 39 § 2.
(2) Art. 39. § 3. L. 22 frim. an VII
(3) Art. 61. § 1 tit. VIII L. de frimaire

CHAPITRE VI

Du paiement des droits

SECTION I

Débiteurs de l'impôt ; caractères de la créance
du fisc (1)

Les droits de mutation doivent être définitivement supportés par ceux qui bénéficient de la transmission des biens. Les contribuables sont les héritiers, les légataires et les donataires éventuels ; cette règle s'applique à tous les successeurs quels qu'ils soient. Leur titre, leur qualité, la nature de leur droit et leur capacité importent peu.

Les créanciers qui, en vertu de l'article 788 du Code civil, se font envoyer en possession des biens de leur débiteur doivent acquitter les droits afférents à la portion de succession qui lui aurait été échue.

Les règles relatives à la part obligatoire des débiteurs de l'impôt sont contenues dans l'article 32 de la loi de frimaire ainsi conçu : « Les droits

(1) Baudry-Lacantinerie et Wahl : « Traité des successions »
t. 2, n° 1777.

des déclarations des mutations par décès seront
payés par les héritiers, donataires ou légataires ».

Les successibles soumis au droit de poursuite
de l'administration sont donc les héritiers, les
donataires et les légataires. Les droits de l'administration sont indépendants des conventions
particulières que les débiteurs auraient pu passer entre eux.

Le fisc peut s'adresser aux tuteurs des successibles incapables, aux curateurs d'hoiries bénéficiaires ainsi qu'aux curateurs aux successions
vacantes.

La Cour de cassation admet que la dette des droits
de mutation est personnelle à l'héritier en même
temps que dette de la succession (1). Elle décide
en effet que l'héritier bénéficiaire peut être
poursuivi personnellement pour le paiement des
droits, et au-delà de l'actif héréditaire qu'il recueille. Cette dernière conséquence résulte de
deux circonstances : d'une part, le principe que
chaque héritier est tenu à l'egard du Tresor de
la totalité des droits afférents aux portions re-

(1) Cass . 2 juin 1869. S., 69. 1. 326. Un attendu de cet arret
est ainsi conçu « Sans doute l'heritier est tenu personnellement
de cette dette mais de cette obligation de l'héritier on ne saurait
faire sortir l'affranchissement des biens Il faut reconnaitre, au
contraire que la dette du droit de mutation reste une dette de
la succession et qu'au lieu d'une garantie pour le recouvrement,
la régie en a deux »

cueillies par ses cohéritiers; d'autre part que la liquidation s'effectue sans distraction des char- ges.

Il est certain que les droits de mutation sont une dette personnelle grevant directement l'hé- ritier.

L'article 32 de la loi de frimaire décide for- mellement que les « droits des déclarations de mutations par décès seront payés par les héri- tiers, donataires ou légataires ».

Mais la dette ne fait pas partie du patrimoine transmis : une dette ne peut pas naître en même temps à la charge d'un mort et à la charge d'un vivant. Si elle est héréditaire, les héritiers n'en sont pas tenus personnellement mais seulement par transmission.

On raisonne par analogie en invoquant la ressemblance entre les droits de mutation et les frais funéraires. Mais si les frais funéraires sont garantis par un privilège, rien ne prouve que ce soit en qualité d'obligation du défunt plutôt qu'en qualité de dette de l'héritier.

En admettant même qu'ils constituent une dette successorale, c'est là une exception qui ne saurait être étendue et qui entraîne l'impossibi- bilité de les considérer comme une dette impo- sée à l'héritier.

Le privilège reconnu par la jurisprudence à l'administration sur les revenus des biens héré- ditaires est un second argument. Il est facile de répondre que l'existence de ce privilège est fort discutée, niée par certains. En supposant que l'article 32 de la loi du 22 frimaire an VII : « la nation aura action sur les revenus des biens à déclarer », ait voulu créer un privilège, il ne suit pas de là qu'on doive attribuer à la créance un caractère héréditaire L'article 32 présente l'action sur les revenus plutôt comme un corollaire de l'action contre les héritiers. D'ailleurs, le privilège n'existe que sur les revenus produits depuis le décès, valeurs qui n'ont jamais fait partie de la succession.

On remarque enfin, à l'appui du caractère qu'on veut reconnaître à la créance du Trésor, que les successions vacantes sont soumises au droit de mutation par décès ; mais c'est là une solution qui n'est pas certaine et qui ne touche pas à la discussion (1).

Si le droit de mutation est en même temps qu'une obligation personnelle de l'héritier une dette de la succession, les héritiers devront en tenir compte à leur cohéritier bénéficiaire qui l'aurait acquittée. Ce dernier aurait un recours contre la succession. Selon nous, il n'en n'aura

---

(1) Dans le sens de la Jurisprudence. Naquet . « Traite des droits d'enregistrement » t II n° 870. — En sens contraire . Championniere et Rigaud, t. IV, n° 3887 ; Wahl « Etude sur le privilege du tresor en matiere de droits de mutation par deces » n° 30 p 25.

pas parce qu'on ne lui doit compte que des dettes de la succession (1).

Si les droits sont une dette héréditaire, le Trésor peut demander la séparation des patrimoines contre l'héritier (2). Il serait encore loisible à l'héritier bénéficiaire de se faire autoriser à vendre les valeurs successorales pour désintéresser le fisc.

La dette des droits de mutation est tantôt conjointe, tantôt solidaire.

Elle est solidaire lorsque le fisc se trouve en présence d'héritiers ab-intestat. L'article 32 de la loi du 22 frimaire porte en effet que « les droits des déclarations des mutations par décès seront payés par les héritiers, donataires ou légataires...... les cohéritiers seront solidaires ».

La solidarité passive, la seule dont puisse s'occuper l'article 32, consiste dans l'obligation pour les débiteurs de payer au créancier si celui-ci le requiert la totalité de la dette. Chacun des cohéritiers est donc obligé non-seulement à sa part dans les droits de succession, mais encore à celle de ses cohéritiers; il en est tenu conformément aux principes, personnellement et sur tous ses biens.

La loi ne distingue pas entre le paiement des droits afférents aux parts recueillies par les hé-

---

(1) Baudry-Lacantinerie et Wahl «Successions» t II n° 2165.
(2) Demante t II. n° 673.

ritiers eux-mêmes et ceux relatifs aux dispositions faites au profit des légataires. Son esprit
est d'imposer le paiement de l'impôt à toutes les
parties (1) ; et si les « cohéritiers sont solidaires », on peut dire qu'ils le sont, à défaut de restriction, pour le paiement de leur dette entière.
Or cette dette porte en particulier sur les droits
occasionnés par les legs.

Cette solution ne fut cependant pas admise.
La pratique administrative décide que si les cohéritiers sont déclarés solidaires c'est unique-
quement « entre eux ». Les héritiers ne sont
donc pas tenus personnellement des droits dus
par les légataires (2).

L'époux survivant qui recueille une part
d'usufruit dans la succession de son conjoint, en
vertu de la loi du 9 mars 1891, n'est qu'un successeur irrégulier ; aucune solidarité n'existe entre
lui et les héritiers du défunt (3).

Une solution contraire semble devoir être admise en ce qui concerne l'enfant naturel depuis
la loi du 25 mars 1896, aux termes de laquelle
l'enfant naturel doit être considéré comme
héritier naturel (4). La conséquence de cette

(1) C'est par une conséquence de cette idée que les héritiers
sont tenus des droits dus sur un testament L 22 frimaire an VII.
Art. 29, 1 *fine*

(2) Décision du ministère des finances du 7 messidor an VII.
Instr de la régie. n° 239.

(3) Solution du 19 juin 1897 J. Enr , année 1898 n° 25290.

(4) Art 723 C. civ . modifié par la loi du 25 mars 1896.

nouvelle situation doit logiquement conduire à lui appliquer les obligations que la loi de frimaire impose à tous les cohéritiers. Un enfant naturel, venant en concours avec des héritiers légitimes, sera donc tenu solidairement des droits de mutations par décès au même titre que ses cohéritiers.

La loi ne parle pas de la solidarité des successeurs testamentaires. Les donataires de biens à venir, les légataires universels à titre universel, ou particuliers, ne sont aucunement solidaires, ni entre eux, ni avec les héritiers (1).

La solidarité étant une aggravation de la dette ne peut être présumée. On doit donc reconnaître que les successeurs auxquels la loi ne l'impose pas sont simplement conjoints.'

SECTION II

Garanties accordées à l'administration (2)

Les causes de préférence sont limitativement établies par la loi et ne peuvent s'étendre au-delà de ses limites. Dérogeant au principe de l'article 2093 de l'égalité de tous les créanciers, les privilèges ne peuvent exister qu'en vertu d'une disposition législative.

(1) Demante, t. II, p. 343 et s.
(2) Wahl : « Etude sur le privilege du Tresor, en matiere de droits de mutation par decès. »

La loi fiscale a consacré l'existence de privilèges dans diverses branches d'impôts; elle a
omis de mentionner les garanties qui devaient
assurer le recouvrement du droit de mutation
par décès : le fisc n'est donc qu'un créancier
chirographaire.　·

Il existe cependant deux systèmes qui conduisent à reconnaître un privilége au Trésor : le
premier s'inspire de considérations supérieures
aux textes, le second se fonde sur les textes. Les
arguments de la première doctrine, aujourd'hui
abandonnée, découlaient de cette idée que l'Etat,
représenté par l'administration de l'enregistrement, aurait le droit, lors d'un décès, d'exercer
le prélèvement des droits de mutation avant tout
partage entre cohéritiers et par préférence à tous
les créanciers de la succession, fussent-ils privilégiés ou hypothécaires. Une circulaire de la
Régie (1), du 23 nivôse an XII, fait du recouvrement des contributions publiques l'exercice
d'un droit de propriété accordé ou plutôt réservé
par l'Etat sur les biens des contribuables.

Nous avons essayé de réfuter cette théorie.
Elle ne signifierait rien en présence des textes
spéciaux qui ont garanti par des privilèges le
recouvrement d'un certain nombre de contributions publiques. Si elle était admissible, elle
conduirait à la reconnaissance, au profit de

(1) Voir page 31, note 3.

l'Etat, d'un droit de prélèvement pour chacun des impôts qu'il perçoit, et notamment pour toutes les espèces de taxes d'enregistrement. La jurisprudence n'a pourtant accepté cette idée qu'à propos des droits de mutation par décès. Elle a commencé par l'admettre prudemment et sans en tirer toutes les conséquences qui pouvaient s'en dégager; puis elle l'a consacrée définitivement en décidant que le Trésor doit être admis à recouvrer les droits de mutation sans subir le concours d'aucun créancier de la succession, et par préférence même aux plus favorisés d'entre eux (1).

De ce que les articles 14, n° 8, et 15, n° 7, de la loi du 22 frimaire an VII prescrivent que le droit de mutation doit être perçu sur les valeurs héréditaires, sans distraction des charges, on a voulu conclure que le Trésor jouit d'un privilège sur les capitaux de la succession.

Si le Trésor n'a pas à se préoccuper des charges, c'est que les créanciers n'existent pas pour lui. Cet argument n'est guère probant. Les articles 14 et 15 précités ne règlent qu'une question de liquidation et contiennent une règle commune aux droits de succession et de donation. Lorsqu'on parle de l'abrogation des charges, on ne se préoccupe pas du contre-coup qu'une pareille

(1) Paris. 13 mars 1855 (2 arrets) S 55. 2. 161 ; Paris 12 nov. 1855 . S., 55. 2. 161.

mesure exercerait sur l'existence du privilège.

Enfin la jurisprudence, en admettant que certaines dettes relatives au mandat, au dépôt et au gage doivent être déduites de l'actif successoral, suppose implicitement que le Trésor n'est pas privilégié vis-à-vis de ces sortes de créanciers. Et cependant ces derniers n'ont aucune supériorité sur les chirographaires : le conflit deviendrait insoluble.

Il est encore moins sérieux de se fonder, comme le faisait autrefois la Cour de cassation, sur l'article 2098 du Code civil. En disposant que le « privilège, à raison du Trésor royal, et l'ordre dans lequel il s'exerce, sont réglés par les lois qui les concernent », cet article ne dit pas que les droits de succession sont garantis par un privilège. S'il en était ainsi, toutes les créances du Trésor devraient être privilégiées. L'article 2098 ne fait qu'inviter le juge à chercher dans les lois spéciales les dispositions relatives aux privilèges du Trésor.

L'argument de texte tiré de l'article 32, § 3, de la loi de frimaire, aux termes duquel « la nation aura action sur les revenus des biens à déclarer, en quelques mains qu'ils se trouvent », est dépourvu de valeur. En accordant une action sur les revenus, la loi refuse implicitement tout droit sur le capital. L'article 32 contient la négation du prétendu droit de prélèvement du Trésor sur le capital héréditaire

La preuve qu'aucun privilège sur les capitaux
n'existe est fournie par la tentative que firent
les auteurs du projet déposé en 1848, tendant à
l'établissement d'un impôt progressif. Les pro-
moteurs de cette réforme voulaient en même
temps accorder à la Régie, à côté d'une hypo-
thèque légale, « *un privilège général sur tous
les biens meubles de la succession* » (1).
Cette proposition est bien une preuve de la non-
existence d'aucune garantie.

Si on ne peut admettre l'idée d'un privilège
sur les capitaux héréditaires, on n'est pas plus
autorisé, même sur le fondement de l'article 32
de la loi de frimaire, à conclure à l'existence d'un
droit de préférence sur les revenus.

La Cour de cassation pense le contraire (2);
elle a, tout en repoussant formellement l'idée de
prélèvement sur le capital, affirmé que le Trésor
jouit d'un privilège sur les revenus. Cette théorie
est très solidement établie par de nombreux
arrêts de jurisprudence (3).

Bien que le privilège sur les revenus soit admis
indiscutablement par la jurisprudence, il n'en

(1) *Art.* 5 du projet.
(2) Cinq arrêts des 23 et 24 juin 1857 . Cass. 24 juin 1857 : S.
57. 1. 401 et s.
(3) Cass. 2 juin 1869 : S. 69. 1. 326; Cass. 24 nov. 1869 : S.
70. 1. 88, Paris: 6 janv. 1880 : S. 81. 1. 105 ; Aix, 4 déc. 1890 S·
91. 2. 97. Dans le même sens : Demante, nᵒˢ 668 et 669 Naquet,
nᵒ 1222.

n'est pas moins vrai que des doutes très légitimes peuvent s'élever sur son existence même (1).

L'article 32 ne contient pas l'expression de privilège, et un droit de préférence doit être établi en termes formels. Le § 2 de l'article 32 pose le principe de la solidarité entre les cohéritiers; le § 3 du même article signifie seulement que le Trésor est autorisé à saisir les revenus en *quelques mains qu'ils se trouvent*. Le § 3 est une conséquence du § 2 : il règle les rapports du Trésor avec les successeurs, et paraît simplement signifier que la saisie des revenus est permise contre les héritiers et contre tous les successeurs. Les donataires et légataires ne sont pas solidaires des droits imposés aux héritiers. Le § 3 déroge à ce principe en ce qui concerne les revenus : ils sont saisissables, pour la dette d'un successeur quelconque, entre les mains d'un successeur quelconque.

Ces textes établissent, pour les cohéritiers, la solidarité, et pour tous les successeurs, même pour les donataires et légataires à titre particulier, l'affectation du revenu au paiement du droit.

Au surplus (1), si l'on considère que l'essence du privilège est de conférer un droit de préférence en faisant passer le créancier privilégié avant

(1) Wahl · Etude sur le privilege du Trésor, en matière de droits de mutation par décés. » p. 19.
(2) Wahl, id. n° 27, p. 22.

les autres et d'établir un droit de suite permettant de poursuivre les biens affectés jusque dans
les mains des tiers acquéreurs ; on remarquera
qu'un privilège ne peut exister sur des revenus.
En effet, le droit de suite ne s'applique pas à la
plupart des privilèges mobiliers, et le privilège
des droits de succession porterait évidemment
sur des biens mobiliers, puisqu'il frapperait, d'un
côté, les revenus des meubles ; de l'autre, ceux
des immeubles successoraux.

L'article 32 ne pourrait donc servir a édifier
la théorie du privilège sur les revenus que s'il
établissait au profit du Trésor un droit de préférence. Or, il n'est pas dit un mot de ce droit
de préférence et les seules expressions qui aient
servi d'argument à la théorie de la jurisprudence ont trait à une action sur les biens c'est-à-
dire à un droit de suite (1). Nous concluons donc
en faveur de la non-existence du privilège même
sur les revenus des biens héréditaires.

Les droits de succession sont seuls assurés par
le privilège sans que la loi tolère aucune distinction soit entre les causes qui ont déterminé l'e-
xigibilité de ces droits, soit entre les situations
où pouvait se trouver le défunt (2).

La jurisprudence admet tantôt l'application

(1) Note sous un arrêt rapporte au Sirey de 1890; S , 90. 2.
193.
(2) C'est ainsi que l'héritiei bénéficiaiie est tenu des dioits de
mutation: Cass. 2 juin 1869: S., 69. 1. 326.

du privilège à la garantie du recouvrement du demi-droit en sus (1) dans les cas où il est encouru, tantôt elle la rejette (2).

Il faudrait prouver pour justifier la première doctrine que dans le langage ordinaire de la loi le mot droit comprend dans son acception les termes de droits et demi-droits en sus. Nous ne saurions admettre cette interprétation.

Il existe en notre matière certaines prescriptions particulières dont l'indication se place logiquement à la suite de l'étude que nous venons de faire.

La créance des droits se prescrit :

1° Par deux années à compter du jour de l'enregistrement, s'il s'agit d'un supplément de perception insuffisamment faite ou d'une fausse évaluation dans une déclaration (3);

2° Par cinq années en partant du même jour s'il s'agit d'une omission de biens dans une déclaration (4);

3° Par dix années à compter du jour du décès pour les successions n'ayant pas été déclarées (5).

(1) J. Enr., n° 24686, année 1895.
(2) Caen, 24 janv. 1888: S., 90. 2. 193 et la note, Lyon, 23 juillet 1890 : J. Enr., n° 23501, année 1891, Tribunal de Laval: J. Enr, n° 22934, année 1888. L'administration semble devoir adopter définitivement cette opinion : Solution du 20 octobre 1890 : J. Enr., n° 23501, année 1891.
(3) *Art.* 61, 1°. L. de frimaire.
(4) *Art.* 61, 2°, L. de frimaire.
(5) L'article 26 de la loi du 8 juillet 1852 decide toutefois que

Une prescription de deux ans court contre les parties au profit de l'administration, relativement à l'action en restitution des sommes indûment perçues. Le principe d'après lequel la restitution des sommes régulièrement perçues est interdite (1) souffre en effet deux exceptions.

En vertu d'une décision du ministre des Finances, du 12 avril 1808, les droits perçus à la suite d'une *erreur matérielle* commise par le redevable sont restitués lorsque l'erreur est légalement reconnue.

La loi du 28 avril 1816 prescrit la restitution des droits de mutation par décès acquittés provisoirement par les envoyés en possession du patrimoine d'un absent, sauf au Trésor à retenir la part de ces droits relatifs à la jouissance que l'article 127 du Code civil confère auxdits envoyés (2).

---

la prescription est de trente ans s'il s'agit de rentes sur l'etat non declarees ou omises dans la déclaration.

(1) *Art.* 60, L. de frimaire.
(2) *Art.* 40, L. 28 avril 1816.

DEUXIÈME PARTIE

LES

PROJETS DE RÉFORME

Depuis le commencement du siècle, le législateur, en ce qui concerne la branche des revenus publics, que nous étudions ici, s'est préoccupé exclusivement de mesures susceptibles de faire produire à l'impôt des mutations par décès des ressources de plus en plus considérables (1).

Loin d'améliorer le sort des contribuables, les lois fiscales, en matière successorale, n'ont fait qu'augmenter le nombre des successibles et maintenir des principes de perception dont la réforme est ardemment désirée (2).

Aussi le régime fiscal, dont les règles géné-

(1) Importance des droits de succession dans le produit total des droits d'enregistrement :

	Produit des droits de mutation par décès	Produit total des droits d'enregistrement
Exercice 1869	99.157.000	337.797.000
— 1877	120.313.000	390.091.00
— 1886	176.716.000	502.545.000
— 1887	178.646.000	497.870.000
— 1889	170.375.500	502.322.500
— 1893	188 312.000	521.438.000
— 1895	194.557.345	530.582.480
— 1896	188.326.700	531.489.500
— 1897	194.328.000	529.482.700
— 1898	190.396 000	532.385.000

Ces renseignements ont été puisés dans le dictionnaire des finances publié sous la direction de M Léon Say, et dans le Bulletin de statistique et de législation comparée de 1893, 1895, 1896, 1897 et 1898.

(2) L'établissement de surtaxes ou décimes qui devaient être

rales viennent d'être exposées, a-t-il soulevé de vives critiques portant notamment :

1° Sur le principe de la non-distraction des charges ;

2° Sur l'évaluation des immeubles hérédi-taires ;

3° Sur la valeur conventionnelle attribuée à l'usufruit ;

4° Sur le tarif des droits.

Nous nous occuperons successivement de ces divers points.

temporaires, augmente singulièrement la charge de l'impôt qui atteint pour certains successibles jusqu'au chiffre de 11,25 o/o.

Les décimes sont des suppléments d'un dixième de la taxe principale. Il existe actuellement deux décimes et demi. Le premier, qui ne devait durer qu'un an fut établi par 'article I de la loi du 6 prairial an VII. La loi du 14 juillet 1855 introduisit le deuxième décime. Le demi-décime fut créé par la loi du 30 décembre 1873 (art. 2).

Le décime est un moyen facile et dangereux d'augmenter les ressources publiques; facile, on le comprend, dangereux parce qu'on est toujours enclin à abuser de ce qui est facile.

L'introduction des décimes dans le calcul des droits a pour résultat d'amener souvent le montant de la taxe a un chiffre composé de francs et de fractions de cinq centimes. L'administration a pour coutume de faire acquitter en ce cas la taxe en parfaisant la somme c'est-à-dire en y ajoutant les 2, 3 ou 4 centimes manquants. Cette pratique n'est peut-être pas très équitable. Les sommes ainsi recueillies font un total assez élevé et sont perçues sans être dues. Sur l'inopportunité des décimes et leur longevité : Leroy-Beaulieu : « La science des finances », tome I, p. 493; sur les défauts du régime de l'impôt des mutations, le même, p. 488.

CHAPITRE PREMIER

———

Principe de la non-distraction des charges

Si l'on ne sait pas encore quelle était la pratique romaine à l'égard de la distraction des dettes de la succession, du moins est-il sûr qu'elle ne s'opérait pas, dans notre ancienne jurisprudence, pour la liquidation du *centième denier*. La rigueur de la règle était tempérée par l'exemption de droits dont bénéficiaient les successibles en ligne directe et les successions mobilières.

L'Assemblée Constituante maintint le principe de la non-déduction du passif. Nous savons que la loi de frimaire ne modifia pas la législation sur ce point.

Cependant lors de la discussion de la loi au Conseil des Cinq-Cents, un membre de l'Assemblée combattit ardemment en faveur de la déduction des dettes.

Dans la séance du 17 brumaire an VII, Jousselin s'exprima ainsi :

« On ne doit compter la fortune du défunt qu'après avoir déduit ses dettes ; en vain pour-

rait-on représenter les fraudes qui pourraient en
résulter; car, à l'égard des immeubles, on ne
tiendra compte que des dettes hypothécaires
dont les titres seraient représentés, avec affirmation que le montant en était dû au moment du
décès, et, à l'égard des meubles, en justifiant
d'un inventaire en règle. N'est-il pas contre
toute justice, contre toutes les règles du pacte
social que l'Etat se trouve héritier au préjudice
des héritiers légitimes? Et c'est cependant ce qui
doit- arriver chaque fois que le passif atteint à
peu près le montant de l'actif. »

SECTION I

Critique du principe

La loi civile, chaque fois qu'elle envisage une
masse de biens au point de vue d'une liquidation,
prescrit la déduction des dettes (1). En matière
de droits de mutations par décès, la loi fiscale
ordonne, au contraire, la non-déduction des
charges.

Différents motifs ont été invoqués à l'appui de
la justification de cette pratique. Le premier, le
seul sérieux, est le danger que pourrait courir le

(1) *Art.* 922, C. Civ. · Parmi les operations, que comporte l'établissement de la quotite disponible, l'*art.* 922 fait entrer la déduction du passif.

Trésor par le fait des fraudes qu'il serait aisé de commettre (1).

On ajoute que la réforme nécessiterait la substitution de la valeur vénale à la valeur fictive en ce qui concerne les immeubles. On ne pourrait pas, en effet, soustraire un passif réel d'un actif fictivement établi. Cette transformation dans la manière d'évaluer les biens aurait pour conséquence une aggravation de l'impôt pesant sur les immeubles ruraux et sur tous les biens dont le produit est peu élevé relativement à la valeur vénale.

Ce mode d'évaluation serait d'une pratique difficile.

On dit encore que le Trésor perd beaucoup par suite de l'omission des valeurs mobilières que peu de contribuables déclarent, et qu'il n'est pas contraire à la logique qu'il se rattrape en percevant les droits sans distraction des charges. C'est une sorte de compensation.

La suppression du principe amènerait un déficit sérieux dans les revenus publics. Une fois abandonné en matière de mutations par décès, il

(1) Rapport au conseil des Cinq-Cents. Crétet, rapporteur de la loi de l'an VII disait que si l'on abandonnait le principe « il faudrait procéder à la liquidation de toute succession contradictoirement entre le fisc et les héritiers, les consommer en frais et en lenteurs par des formes contentieuses et cela, indépendamment du scandale intolérable qu'il y aurait à placer les préposes de la régie dans un état permanent d'hostilité contre toutes les familles et de les autoriser à pénétrer dans leurs affaires les plus intimes »

10

n'y aurait plus de raisons pour le maintenir dans les mutations entre-vifs, pour les donations-partages et les donations à titre onéreux. On prétend enfin que le droit de mutation étant fondé sur la transmission de la chose donnée ou reçue en héritage; il importe peu qu'elle soit ou non grevée de dettes, parce que le service rendu par l'État est le même dans les deux cas.

Tous ces arguments ne sont pas convaincants.

Si les difficultés doivent être nombreuses dans la pratique, il n'est pas prouvé qu'on n'arrive pas à les aplanir et à les diminuer. Des nations voisines de la nôtre, la Belgique et l'Italie, nous ont précédé dans la voie à suivre, et le système adopté par elles fonctionne bien.

On dit qu'une réforme du principe entraînerait fatalement un changement dans le mode d'évaluation des biens. Ce corollaire de la réforme ne s'imposerait pas d'une façon inévitable. Les principes ne sont pas en jeu, le rendement de l'impôt seul est en cause. D'ailleurs, les difficultés qu'entraînerait l'évaluation d'après la valeur vénale ne seraient pas insurmontables.

L'idée d'une compensation des successions purement mobilières qui ne se déclarent pas, par l'établissement de l'impôt sur l'actif non dégrevé est à repousser. On ne peut pas admettre que les contribuables honnêtes paient pour ceux qui ne le sont pas.

Enfin les droits de succession ne sont pas de

simples droits de mutation. L'impôt atteint le
successible bien plus que la succession, puisque
le tarif est réglé eu égard aux personnes bénéficiaires de la mutation. La loi du 22 frimaire
n'avait pas établi un droit sur les mutations par
décès, elle avait plutôt créé un impôt sur les
successions, car elle frappait les mutations d'un
droit différent, selon qu'elles s'opéraient entre
époux ou en ligne directe d'une part, et en ligne
collatérale, d'autre part.

L'argument que nous réfutons méconnaît donc
le caractère de la taxe et les principes du droit
civil en matière successorale.

Un impôt est équitable lorsqu'il est réparti
proportionnellement entre les contribuables et
qu'il n'est pas plus lourd pour les uns que pour
les autres. La non-distraction des charges a pour
effet de grever inégalement les héritiers. En
somme, celui qui recueille une succession de
100.000 francs d'actif et 100.000 francs de passif,
c'est-à-dire qui ne recueille rien, paie un impôt
tout comme celui qui recueille une succession
indemne de toute charge.

Cette répartition est en contradiction flagrante
avec le principe posé dans les décrets de
l'Assemblée Constituante des 17 juin et 7 octobre 1789 (1).

_____

(1) « Toutes les contributions et charges publiques de quelque
nature qu'elles soient, sont supportées proportionnellement par

Le principe aboutit à des conséquences qui choquent le bon sens. On comprend, en effet, difficilement qu'une même chose puisse être taxée dans deux successions différentes, et ce fait peut néanmoins se produire.

Chaque fois qu'une chose sera due, elle devra être l'objet d'un impôt à la fois dans la succession du débiteur, puisqu'elle ne peut être déduite pour la liquidation du droit, et dans la succession du créancier, puisque la créance figure à l'actif de sa succession.

M. Paul Leroy-Beaulieu dit que « rien n'égale, comme excès de pouvoirs et comme outrage à la justice, l'usage suivi par le fisc, en France, de taxer les successions sans en déduire les dettes. Il est impossible de voir un plus monstrueux abus de la force publique » (1).

Au point de vue juridique, le désaccord est complet entre les principes actuellement reçus et la règle de la non-déduction du passif.

Pendant la première moitié de notre siècle, la nature du droit que l'on reconnaissait à l'Etat justifiait, comme nous l'avons vu, l'existence de notre principe. Dans la théorie de l'administration, à cette époque, l'Etat était considéré comme propriétaire éminent de l'ensemble de la fortune

tous les citoyens et par tous les propriétaires a raison de leurs biens et facultes ».

(1) Leroy-Beaulieu « La science des finances » t I p 516.

publique. Il percevait l'impôt en vertu de ce droit supérieur.

Depuis lors, l'orientation des idées a changé, et la notion d'un impôt justifié par l'intérêt du contribuable s'est fait jour. L'exposé des motifs de la loi du 28 février 1872 (1), qui a créé les droits gradués, introduit un élément nouveau dans la fixation des droits. Cette base nouvelle de la perception, c'est l'utilité, l'intérêt, l'avantage que le contractant retire de l'acte.

Ceci amène à conclure qu'on doit réduire à leur chiffre net les valeurs sur lesquelles porte l'impôt, et faire table rase du principe. On devrait prescrire, pour la liquidation de tous les droits d'enregistrement, un fondement unique : la mesure de l'utilité attachée à l'acte ou à la mutation.

(1) « La loi organique de l'impôt et celles qui l'ont suivie ont pris pour base du droit fixe la nature des divers actes Il nous a paru qu'il était à la fois plus juste et plus fructueux pour le Trésor de faire varier la quotité des droits en raison des sommes ou valeurs exprimées dans les actes Certains contrats tels que les sociétés les partages, les apports par contrat de mariage, les main-levées, etc., se prêtent incontestablement à ce mode d'évaluation qui en indique l'intérêt pour les contractants et qui à ce point de vue peut servir de base à l'impôt. » Loi du 28 fév. 1872 « exposé des motifs ».

SECTION II

Législations étrangères (1)

Deux pays seulement n'ont pas rayé de leurs lois le principe de la non-déduction du passif : la principauté de Monaco et le canton de Zurich. Mais toutes les nations n'ont pas établi cette déduction de la même manière. En Allemagne, l'impôt ne frappe que la valeur nette des biens, déduction faite des charges. Toutes les dettes entrent en ligne de compte, et les charges comprennent aussi bien les legs et usufruits qui grèvent l'héritier, que les frais funéraires et les frais de procédure occasionnés par la liquidation de la succession.

Les cantons suisses de Bâle, de Berne et de Neufchâtel ont adopté les mêmes règles.

La Russie et la Roumanie admettent en déduction les dettes de toute nature et même les dettes commerciales (2).

Nous allons passer en revue les législations des principaux pays.

I. ALLEMAGNE. — Tous les petits États dont

---

(1) Bulletin de statistique et de législation comparée, août 1888, p. 187, 91 et s.

(2) Bulletin de statistique et de législation comparée, août 1888 p. 189.

est formé l'empire allemand ont admis le principe de la perception de l'impôt sur l'actif net de la succession. La totalité du passif est déduite; les usufruits, les frais funéraires, les frais de procédure sont considérés comme des dettes. La valeur de la chose imposable est la valeur vénale et non une valeur conventionnelle, comme en France (1).

La loi du 12 juin 1889 établit le même principe en ce qui concerne l'ALSACE-LORRAINE. D'après cette loi, il suffit que la dette existe pour être déduite. Un acte susceptible de faire foi en justice n'est pas nécessaire à la justification de son existence. L'héritier peut en établir la consistance, s'il n'y a pas eu inventaire, par une note, une lettre, ou par la preuve testimoniale. Lorsqu'il existe un inventaire, aucune justification n'est nécessaire.

L'administration peut trouver les renseignements fournis par l'héritier insuffisants; en ce cas elle a le droit de percevoir la taxe sans tenir compte de la dette sauf à l'héritier à se pourvoir en restitution. Elle peut aussi exiger du créancier une justification ou le citer devant le tribunal correctionnel pour qu'il démontre l'existence de la dette.

La loi du 12 juin 1889 base l'impôt sur la valeur

(1) Bulletin de statistique · août 1888, p. 188.

vénale des biens avec facilité pour l'administration d'ordonner une expertise.

Pour empêcher les dissimulations d'actif,
chaque habitant d'Alsace-Lorraine possède à la
direction des douanes et contributions indirectes
de Strasbourg un casier financier contenant
l'indication de ses biens et la mention des ventes ou achats de valeurs de Bourse effectuées
par lui (1).

II. BELGIQUE. — La loi du 22 frimaire an
VII qui consacrait le principe de la non-déduction des charges fut primitivement appliquée en
Belgique. Elle y fut vite remplacée par les lois
des 27 décembre 1817 et 17 décembre 1851 lesquelles ont admis le principe de la déduction du
passif, mais avec quelques tempéraments (2).

L'impôt est actuellement divisé en Belgique
en trois catégories distinctes :

1° Le droit de succession proprement dit ;

2° Le droit de mutation ;

3° Le droit de mutation par décès.

I. — Le droit de succession proprement dit est
l'impôt qui se perçoit sur le produit net de ce qui
est recueilli par les étrangers, les collatéraux
autres que l'époux et par l'enfant naturel à défaut
de parents au degré successible, dans la succession

(1) Bulletin de statistique, juillet 1889, p. 78.
(2) Bulletin de statistique, août 1888.

d'un habitant de la Belgique (1), déduction faite des dettes prévues par l'article 12 de la loi du 27 décembre 1817.

Cet article 12 est ainsi conçu : « Les dettes composant le passif de la succession d'un habitant de ce royaume se borneront pour la liquidation du droit de succession :

A. — Aux dettes à la charge du défunt, constatées par les actes qui en existent ou autres preuves légales et aux intérêts dus au jour du décès ;

B. — Aux dettes relatives à la profession du défunt, telles qu'elles existent au jour du décès ;

C. — Aux dettes relatives à la dépense domestique au jour du décès ;

D. — Aux charges publiques, provinciales ou communales, aux impositions pour l'entretien des polders, des moulins à pomper l'eau et autres contributions de cette nature au jour du décès ;

E. — Aux frais funéraires .»

La loi du 17 décembre 1851, pour rendre plus difficiles les fraudes qu'occasionnait la déduction du passif, apporta certaines restrictions contenues dans les articles 11 et 12 dont voici le texte :

Art. 11. — « Ne sont pas admissibles au passif :

---

(1) « Est réputé habitant de ce royaume pour l'application de la presente loi celui qui y a établi son domicile ou le siege de sa fortune », *art.* I. L. 27 decembre 1817.

1° Les dettes hypothécaires dont l'inscription était périmée depuis un an ou radiée au jour de la succession ;

2° Toute dette acquittée, si la quittance ne porte pas une date postérieure au décès ;

3° Les intérêts dus des dettes hypothécaires au delà de trois années ; ceux des dettes non hypothécaires, les loyers et fermages au-delà de deux années et les dettes concernant la dépense domestique au-delà de l'année échue et de l'année courante ;

4° Les dettes reconnues par le défunt au profit de ses héritiers, donataires ou légataires, si elles ne sont pas enregistrées trois mois avant son décès.

Le droit perçu par suite du rejet de toutes dettes non justifiées par la production des titres ou autres preuves voulues par la loi, sera restitué si l'existence de ces dettes est établie dans les deux années du paiement de l'impôt. »

Art. 12. — « Toute dette uniquement reconnue par testament sera considérée comme legs pour la liquidation du droit de succession. »

II. — Le droit de mutation est l'impôt qui se perçoit à la charge des héritiers, donataires ou légataires, succédant à un habitant du royaume de Belgique, en ligne directe ascendante ou descendante.

Cet impôt est perçu exclusivement sur la valeur des immeubles situés en Belgique et des rentes

ou créances hyhothéquées sur des immeubles
situés dans ce même royaume, déduction faite
des dettes hypothécaires grevant les biens soumis
à l'impôt.

Ce droit a été établi par les articles suivants
de la loi du 17 décembre 1851.

Art. 1. — Il sera perçu un droit de mutation
à charge des héritiers, donataires ou légataires,
qui succèdent en ligne ascendante ou descendante
à un habitant du royaume et à charge de l'époux
survivant, dans les cas prévus par les numéros
2 et 3 de l'article 24 de la loi du 27 décembre
1817.

Art. 2. — L'impôt sera exclusivement perçu
sur la valeur des immeubles situés dans le
royaume et des rentes et créances hypothéquées
sur les immeubles sis en Belgique, déduction
faite des dettes hypothécaires grevant les biens
soumis à l'impôt.

Art. 5. — Est exempt du droit ci-dessus la
part de chaque héritier ou légataire et de l'époux
survivant ne s'élevant pas, après déduction des
dettes, à la somme de mille francs.

Art. 12. — Ne seront pas admis au passif ;

1° Les dettes hypothécaires dont l'inscription
était périmée depuis un an ou radiée au jour de
l'ouverture de la succession ;

2° Toute dette acquittée, si la quittance ne
porte pas une date postérieure au décès ;

3° Les intérêts dus des dettes hypothécaires

au-delà de trois années ; ceux des dettes non hypothécaires ; les loyers ou fermages au-delà de deux années ; et les dettes concernant la dépense domestique au-delà de l'année courante

4° Les termes échus depuis plus d'un an avant le décès, des dettes remboursables par annuités ;

5° Les dettes reconnues par le défunt au profit de ses héritiers, donataires et légataires, si elles ne sont constatées par actes enregistrés trois mois au moins avant le décès.

Le droit perçu par suite du rejet de toutes dettes non justifiées par la production des titres ou autres preuves voulues par la loi, sera restitué, si l'existence de ces dettes est établie dans les deux années du paiement de l'impôt.

III. — Le *droit de mutation par décès* est l'impôt qui se perçoit *seulement* sur la valeur des *immeubles situés en Belgique*, recueillis par des parents ou non parents du chef du décès d'un individu *non réputé habitant la Belgique*.

Ce droit fut établi par la loi du 27 décembre et réglementé par les articles suivants :

Art. 1. — Il sera pareillement perçu à titre de droit de mutation, un impôt sur la valeur des biens immeubles, situés dans ce royaume, recueillis ou acquis en propriété ou en usufruit par le décès de quelqu'un qui n'y est pas réputé habitant et décédant après le 31 décembre 1817.

Art. 18. — Le droit de mutation est assis sur

la valeur du bien déterminée par l'article 2, sans distraction des charges.

III. ESPAGNE. - Le 30 juin 1892 fut votée en Espagne une loi décidant qu'il y avait lieu de procéder à la révision des droits d'enregistrement, basés jusqu' alors sur la loi du 31 décembre 1881, laquelle admettait la distraction des charges (1).

Cette loi du 30 juin 1892 procédait à la révision de la façon suivante : « .Article unique : Le gouvernement procédera à la modification de la loi du 31 décembre 1881 qui régit l'impôt des droits d'enregistrement conformément aux bases suivantes ·

Première base. — Seront soumises aux droits d'enregistrement ou de succession :

A. - Les transmissions d'immeubles et les transferts des droits réels sur des immeubles ;

B. - La constitution, la reconnaissance, la modification ou l'extinction des droits réels sur les immeubles ;

C. - Les transmissions de biens meubles qui s'opèrent pour cause de mort.

Seizième base.— La valeur des biens transmis par succession se déterminera, au point de vue fiscal, en déduisant du montant brut de cette valeur les dettes du « de cujus » qui seront cer-

͏(1) Bulletin de statistique — année 1892, 2ᵐᵉ semestre, p 191

tifiées, soit authentiquement, soit par tout document irréfutable.

Le 25 septembre 1892 fut rendu un décret loi réformant les droits d'enregistrement lequel contient l'article 5 suivant :

Art. 5. — L'impôt est établi sur la valeur des biens et des droits qui y sont assujettis. La valeur des biens transmis par l'hérédité sera fixée, pour l'application de l'impôt, en déduisant le montant des dettes du « de cujus » lorsque leur existence certaine résultera d'actes publics ou d'autres documents d'une légitimité non douteuse ».

IV. ITALIE. — La loi du 13 septembre 1874 a établi le principe de la déduction du passif dans les termes suivants (1) :

Art. 53. — Les dettes certaines et liquides résultant d'un acte public ou d'un jugement d'une date antérieure à l'ouverture de la succession ou encore d'un acte sous signature privée enregistré avant l'ouverture de la succession, seront admises en déduction de l'actif successoral, assujetti au droit de mutation par décès.

La déduction sera encore admise pour les dettes certaines et liquides résultant des actes sous signature privée, antérieurs à la mise en

(1) Bulletin de statistique, mai 1885. p. 608. Le texte des articles 53 a 56 est dans le bulletin de 1888. août 1888, p. 181 et suiv.

vigueur du décret du 14 juillet 1866 et qui ont déjà supporté un droit de timbre gradué ou tous autres droits correspondants, établis par les lois en vigueur au moment où les dettes ont été contractées, pourvu que les dits actes sous signatures privées aient acquis date certaine avant l'ouverture de la succession.

La déduction sera aussi admise pour les frais funéraires du défunt, dans les limites des usages locaux; il en sera de même des frais de dernière maladie faits pendant les six derniers mois, pourvu que, dans les deux cas, des justifications valables soient produites.

Seront également déduites de l'actif héréditaire, les dettes commerciales contractées à l'intérieur du royaume lorsque leur existence sera établie par la production des livres de commerce du débiteur tenus dans les formes prescrites par la loi.

Par contre, la déduction ne sera pas admise pour les dettes résultant de lettres de change ou de billets à ordre qui ne seraient mentionnés, ni dans les livres de commerce dont il est question dans l'alinéa précédent, ni dans les livres du créancier.

On n'admettra pas non plus la déduction de tout autre passif quelconque qui ne rentrerait pas dans l'énumération limitative ci-dessus.

Art. 54. — Lorsqu'une succession comprendra des immeubles situés dans le royaume et

d'autres immeubles situés à l'étranger ; la déduction ne sera pas admise pour les dettes qui grè-
veront spécialement ces derniers immeubles ;
elle sera au contraire autorisée pour les dettes
grevant les immeubles situés dans le royaume.

Si les dettes ne grèvent pas spécialement les
immeubles situés dans le royaume et ceux à
l'étranger, la déduction aura lieu proportionnellement à la valeur de ces deux genres d'immeubles.

Art, 55. — Pour que la déduction du passif
soit admise, il est nécessaire que l'héritier four-
nisse toutes les justifications nécessaires, en
produisant les titres des dettes, soit en original,
soit en copie ; cette production devra être accompagnée d'une déclaration émanant de l'héritier
et des créanciers ou de leurs ayants-causes où
l'on affirmera que la dette existait, en tout ou
en partie, au moment de l'ouverture de la · succession ; la copie du titre et la déclaration pour-
ront être faites sur papier non timbré, mais les
signatures devront être certifiées véritables par
un notaire, un préteur ou le syndic local.

Le créancier ou ses ayants-cause ne peuvent
se refuser à remettre les titres au débiteur où à
lui permettre d'en prendre, à ses frais et sans
déplacement, une copie authentique par le notaire ou le greffier ; il ne peut pas non plus se
refuser à fournir la déclaration sur l'existence de
la dette, à peine de dommages-intérêts.

Art. 56. — Dans le cas d'infidélité dans la déclaration, ceux qui l'ont souscrite sont tenus solidairement au paiement d'une peine pécuniaire égale au quintuple du droit qu'ils ont cherché à frauder à l'aide de cette déclaration infidèle, sans préjudice des effets du Code pénal dans les cas qui y sont prévus.

V. Pays-Bas (1). — Une décision ministérielle, du 6 fevrier 1886, a ordonné la codification de toutes les lois relatives aux droits de succession. Ces lois étaient celles du 13 mai 1859, du 28 mai 1859, du 9 juin 1878 et du 31 décembre 1883. Cette décision de 1886 réglemente dans les termes suivants la déduction des dettes :

Art. 27. — « Pour la liquidation du droit de succession, ne peuvent être portées en déduction que les charges et dettes ci-après.

« *Charges.* — *a*. Les frais funéraires autres que ceux mentionnés à l'article 367, nº 4, du Code civil ; l'article 1195 du même Code est applicable dans l'espèce, en ce qui concerne la compétence du juge déterminée par ledit article.

« *b*. Parmi les frais funéraires peuvent être comprises les sommes léguées pour les obsèques de l'auteur de la succession, les fondations pour les services du décès.

« *c*. Les dettes résultant de la profession du défunt existant à l'époque du décès.

(1) Bulletin de statistique août 1888, p 189 et s.

« Si les dettes mentionnées sous les lettres *a*
et *b* sont atteintes par la prescription trentenaire,
et si les dettes mentionnées sous la lettre *c* sont
atteintes par la prescription quinquennale, elles
ne sont pas admises.

« *d*. Les dettes relatives à la dépense domestique, jusqu'au jour du décès inclusivement, les
gages des gens de service pour toute l'année ou
le trimestre courant.

« Les dettes mentionnées sous les lettres *b*, *c*
et *d* sont détaillées article par article, avec indication de leur nature, de leur origine, de
l'époque à laquelle elles remontent et du nom
du créancier.

« *e*. La contribution foncière, les charges lo-
cales et provinciales, les charges des digues et
polders, les droits d'écluse et de moulin et
autres prestations de même nature jusqu'au jour
du décès.

« Les frais des cérémonies religieuses célé-
brées à son intention depuis le jour du décès
jusques et y compris le premier anniversaire
après son décès, et cela en proportion de la
situation et de l'avoir du défunt, en tenant
compte des usages locaux et des diverses circonstances.

Ce qui est légué en plus pour cet objet est
considéré comme legs au profit de personnes non
parentes.

« *Dettes*. — *a*. Les créances à la charge du

défunt reposant sur des preuves légales : elles sont mentionnées avec le montant, la nature, la date de la dette et le nom du créancier.

« Si les preuves légales sont fournies après le paiement du droit, les droits perçus sont restitués, à condition que la restitution soit demandée avant l'expiration du délai fixé pour la prescription.

« *b*. Les intérêts, rentes et legs dus jusques et y compris le jour du décès.

« *c*. Les dettes résultant de la profession du défunt, existant à l'époque du décès inclusivement.

« Si le montant de ces charges et impôts n'est pas encore fixé au moment de la déclaration, leur montant est admis comme étant égal à celui de l'année précédente, et l'on ne revient pas sur ce qui a été payé en plus ou en moins.

« *d*. La contribution personnelle, la patente, la taxe individuelle et les autres contributions directes jusqu'au dernier jour de la période pendant laquelle elles sont exigibles, à moins que la décharge ou la restitution puissent être demandées. »

VI. COLONIES. — Une ordonnance du 31 décembre 1828 a déclaré l'impôt des mutations par décès applicable aux colonies de la Martinique,

de la Guadeloupe et de la Guyane (1). L'art. 16 de
cette ordonnance est ainsi formulé en ce qui concerne la déduction du passif : « Ce droit est perçu,
sans distraction des charges, à l'exception de celles
qui seraient établies par titres authentiques ou
ayant date certaine antérieure au décès, faits
sans fraude et à la charge d'en affirmer l'existence réelle au jour du décès, devant le juge de
paix. »

Section III

Projets de réforme

Le principe de la non-distraction des charges
dont la suppression a déjà été votée par la
Chambre, en matière de mutations par décès, a
disparu partiellement de notre législation pour
la perception de certains droits. La loi du 28 février 1872 a inauguré cette ère nouvelle (2). Les
paragraphes 1°, 4° et 5° de l'art. 1er de cette loi
portent que : « La quotité du droit fixe d'enregistrement auquel sont assujettis, par la loi du
22 frimaire an VII et les lois subséquentes, les
actes ci-après, sera déterminée ainsi qu'il suit :

---

(1) Cette ordonnance a été rendue applicable au Sénégal decret du 5 août 1860. Dictionnaire general d'administration.
Blanche et Imbert, p 1074 : Paris, Dupont, 1884.
(2) Cette loi a établi les droits *gradués*.

1° les actes de formation et de prorogation de'
société qui ne contiennent ni obligation, ni libération, ni transmission de biens meubles ou
immeubles entre les associés ou autres personnes;
par le montant total des apports mobiliers et
immobiliers, *déduction faite du passif*. .....
4° les contrats de mariage assujettis actuellement
au droit fixe de 5 francs; par le montant *net* des
apports des futurs époux ....
5° les partages de biens meubles et immeubles
entre copropriétaires, cohéritiers et coassociés à
quelque titre que ce soit; par le montant de l'actif
net partagé. »

Ces innovations sont de bon augure pour
l'avenir. Elles sont même, à notre avis, trop
radicales, parce qu'elles n'exigent aucune justification de l'existence du passif de la part des
intéressés. Les progrès ont été moins sensibles
pour les droits de mutations par décès. Ils se
traduisent seulement par l'existence d'un grand
nombre de projets de lois dont le dépôt s'est
effectué presque chaque année durant le cours
du siècle (1).

(1) Voici la liste de ces projets . Projet du baron Louis, ministre des finances '1819), amendement de M. Derode (1849); proposition de M. Crémieux (1849), projet du gouvernement (1864);
discussion au sénat de pétitions relatives a la réforme (1869),
proposition de M. Folliet (1871), proposition de M. Sebert
(1875). proposition de M. Cherpin (1876), proposition de
M. Preyre (1883), proposition de M. Boîle (1887), projet de la

Nous nous occuperons du dernier en date. Il fut présenté par le gouvernement le 10 novembre 1894 ; disjoint de la loi de finance de 1895, il fit l'objet d'un rapport de M. Doumer au nom de la Commission et fut présenté à la Chambre sous forme de projet spécial (1).

Les articles 1 à 3 ont trait à la déduction du passif.

L'analyse de leurs dispositions va nous montrer que la déduction est admise pour toutes les dettes civiles susceptibles d'être prouvées en justice et pour les dettes commerciales justifiées par les livres de commerce.

La valeur fictive résultant de la capitalisation du revenu par 20 ou 25 reste la base de la liquidation du droit pour les transmissions immobilières.

Les articles relatifs au passif sont ainsi conçus :

« *Article 1*. — Pour la liquidation et le paiement des droits de mutation par décès seront

---

commission du budget (1888), projet du gouvernement (1888), reprise du projet par M Rouvier (1889). dépôt d'un rapport par M Boudenoot (1892) dépôt par M Dupuy-Dutemps de la proposition de M. Maujan (1892): projet du gouvernement (8 fev. 1894), dépôt du rapport de la commission (5 juillet 1894) projet du gouvernement (10 nov. 1894). disjonction du projet de la loi de finances (16 mars 1895) · discussion et vote à la Chambre (16. 22 nov. 1895), dépôt par M. Cordelet du rapport de la commission nommée au Senat (9 juillet 1896).

(1) J. Off., 1895 ; pages 2371 et s.

déduites les dettes à la charge du défunt dont l'existence au jour de l'ouverture de la succession sera dûment justifiée, savoir : pour les dettes civiles, par des titres susceptibles de faire preuve en justice, et pour les dettes commerciales, par ses livres de commerce. Les dettes dont la déduction sera demandée, seront détaillées, article par article, dans un inventaire sur papier non timbré, qui sera déposé au bureau, lors de la déclaration de succession et certifié par le déclarant. Toute dette au sujet de laquelle l'agent de l'administration aura jugé les justifications insuffisantes sera écartée pour la perception des droits, sauf aux parties à se pourvoir en restitution, s'il y a lieu.

Article 2. — Toutefois, ne seront pas déduites :

1° Les dettes échues depuis trois mois au moins avant l'ouverture de la succession, à moins qu'il ne soit produit une attestation du créancier en certifiant l'existence à cette époque ;

2° Les dettes consenties par le défunt au profit de ses héritiers, donataires et légataires, ou de personnes interposées ; sont réputées interposées, les personnes désignées dans l'article 911, dernier alinéa, du Code civil ;

3° Les dettes reconnues par testament, lesquelles sont considérées comme des legs ;

4° Les dettes garanties par une inscription hypothécaire périmée ; si l'inscription non périmée subsiste, mais si le chiffre en a été réduit, l'excédent sera seul déduit s'il y a lieu ;

5° Les dettes résultant de titres passés ou de jugements rendus à l'étranger, celles qui sont hypothéquées sur des immeubles situés à l'étranger, et celles qui dépendent de succession d'étrangers.

Article 3. — Toute attestation ou déclaration, ayant indûment entraîné la déduction d'une dette, sera punie d'une amende égale au quart de cette dette ; sans que cette amende puisse être inférieure à 200 francs en principal. Il n'est pas innové aux dispositions de l'article 32 de la loi du 22 frimaire ».

M. Doumer, légitime en ces termes les innovations proposées : « La justification des dettes civiles, dont la déduction sera demandée, pourra être faite par toute espèce de titres ; du moment où ils pourraient faire foi en justice de l'existence de ces dettes : c'est la formule la plus large qu'il ait paru possible de trouver. Il serait absurde d'admettre que les héritiers du défunt puissent exiger du fisc, la déduction de dettes, dont le créancier serait dans l'impossibilité de poursuivre le recouvrement devant les tribunaux.

En ce qui concerne les dettes commerciales ; la justification en est faite par la production des livres de commerce. Pour elles, tous les genres de preuves ne pourraient être admis ; car

au passif dont le montant serait donné, corres-
pond, en général, un actif qu'il est difficile de
saisir. Par exemple, les traites qui engagent le
défunt ont pour contre-partie les traites qui engagent des tiers envers lui.

De plus, la valeur même du fonds de commerce est déterminée, dans l'évaluation des
successions, d'une manière très aléatoire ; et on
laisse par là échapper une part de l'actif dans
un grand nombre de successions. Le contrôle par
la production des livres est donc indispensable.
Encore faudra-t-il que l'administration de l'enregistrement se montre particulièrement vigi-
lante pour défendre le trésor contre la fraude.
L'administration aura tout naturellement, le
droit d'apprécier les justifications qui lui seront
faites, et lorsque celles-ci seront insuffisantes,
de ne pas tenir compte de la dette, pour le calcul du droit de mutation. Le recours est ouvert
aux parties comme en matière de restitution.

L'article 2, qui énumère les exceptions à la
règle générale de la déduction des dettes, est la
reproduction de l'article 2 du texte de 1894. Au
premier paragraphe, excluant les dettes échues
trois mois au moins avant l'ouverture de la succession, il a paru possible d'apporter une restriction
et d'admettre la dette venue ainsi à échéance,
mais pour laquelle il sera produit une attestation
du créancier, certifiant que la dette existait au
moment de la mort du débiteur. La production

de cette pièce, qui pourrait obliger à remboursement les héritiers ou légataires, semble une
garantie suffisante contre toute fraude à l'égard
du fisc.

Au quatrième paragraphe, les mots « non
périmée » ont été intercalés dans la phrase « si
l'inscription subsiste » pour donner plus de précision au texte. L'administration nous avait fait,
à ce sujet, l'observation suivante : « Dans la
pratique, le remboursement d'une créance n'est
pas toujours accompagné de la radiation de
l'inscription hypothécaire ; et cela, par économie. L'existence d'une inscription ne suffit donc
pas pour prouver que la dette subsiste ; d'où
la nécessité d'exiger pour la déduction que l'inscription ne soit pas périmée ».

L'ancien paragraphe 6 de ce même article 2
a été supprimé dans le nouveau texte. Il comprenait, parmi les dettes qui ne seraient pas
déduites : « Les intérêts, arrérages, loyers, fermages excédant le terme courant ». Il n'y avait
pas lieu de maintenir cette restriction, dès lors
qu'on faisait, non une réforme partielle, comme
dans le premier projet, mais une réforme intégrale, étendant la déduction à tout le passif
dont les héritiers peuvent établir l'existence ».

Le projet fut discuté et voté à la Chambre des
députés dans les séances des 16, 18, 19, 21 et 22
novembre 1895. Les articles 1, 2 et 3 furent
adoptés sauf de légères modifications dans la

forme. Le 9 juillet 1896, M. Cordelet déposa le
rapport de la Commission nommée par le Sénat
pour l'étude du projet voté par la Chambre. Le
principe de la déduction du passif y est admis.
Le nouveau projet n'est que la reproduction des
innovations votées par la Chambre sur la distraction des charges. Certains changements ont
cependant été apportés au texte primitif.

Le paragraphe suivant a été intercalé dans le
corps de l'article 2 :

« *S'il s'agit d'une dette grevant une succession dévolue à une personne pour la nue-
propriété et à une autre pour l'usufruit,
l'actif de la succession, diminué du montant
de la dette, sera réparti entre le nu-propriétaire et l'usufruitier dans les conditions de
l'article 6 ci-après.* »

La fraude est rendue plus difficile par certaines
prescriptions qui ont pris place avant la dernière
phrase de l'article 2 : « *A l'appui de leur demande en déduction, les héritiers ou leurs
représentants devront indiquer la date de
l'acte, le nom et la résidence de l'officier
public qui l'aura reçu, la date du jugement
et la juridiction dont il émane. Ils devront
représenter tous autres titres ou en produire
une copie collationnée sur papier non timbré. Le créancier ne pourra, sous peine de
dommages-intérêts, se refuser à communi-
quer le titre sous récépissé, ou à en laisser*

prendre, sans déplacement, une copie colla-
tionnée par un notaire ou greffier. »

Le premier paragraphe de l'article 3, qui
prescrit la non-déduction des dettes échues plus
de trois mois avant l'ouverture de la succession,
à moins qu'il ne soit produit une attestation du
créancier en certifiant l'existence à cette époque,
est ainsi terminé : « *Cette attestation, qui sera*
établie sur papier non timbré, ne pourra
être refusée, sous peine de dommages-inté-
rêts, toutes les fois qu'elle sera légitimement
réclamée. »

La Commission a proscrit les dettes reconnues
par testament. Enfin les dettes qui grèvent des
successions d'étrangers ne seront pas déduites,
« *à moins qu'elles n'aient été contractées en*
France et envers des Français, ou envers des
sociétés ou compagnies étrangères ayant une
succursale en France. »

On voit, par la lecture du projet, que la préoccupation du législateur a porté sur deux points
principaux : la détermination du passif déduc-
tible et la justification de l'existence des dettes.
Ces deux questions ont été résolues à la satis-
faction des intérêts du Trésor et des particuliers.

Les justifications à fournir par les contribuables sont bien simples et assez sérieuses pour
prévenir la fraude ; la liberté de contrôler laissée
à l'administration est un gage de sécurité pour
elle. Le caractère du passif admis à déduction

permet de renoncer à toute précaution vexatoire, à toute mesure inquisitoriale, sans que les intérêts du Trésor soient compromis.

L'énumération du projet est restrictive. La situation active ou passive, au jour de l'ouverture de la succession, ne pourra être établie ni par témoins, ni par l'aveu, ni par le serment. Le droit civil permet l'admission de ces genres de preuves, qui ne présentent pas de grandes garanties de sincérité. La pratique fiscale doit repousser de pareils moyens de démonstration, quand l'intérêt du Trésor est seul engagé.

CHAPITRE II

Evaluation des biens héréditaires

Immeubles

Nous avons vu qu'aux termes de l'article 15 de la loi de frimaire, la valeur imposable des immeubles est déterminée par une évaluation qui est égale à vingt fois le produit des biens ou des baux courants (1). Cette valeur fictive, prise comme base de l'évaluation, ne saurait être maintenue, de l'avis d'un grand nombre, dans une législation où le principe de la déduction du passif serait abandonné. Un passif bien déterminé ne peut pas s'imputer sur un actif fictif ne répondant pas, dans bien des cas, à la valeur vénale de la chose. Une succession de 100.000 fr. grevée d'une dette de 75.000 fr. n'acquitterait aucun droit. Le passif étant de 75.000 fr. et devant être soustrait d'un actif de 75.000 fr.

---

(1) L 21 juin 1875, pour les immeubles ruraux

obtenu par la capitalisation au denier vingt-cinq, il ne resterait rien pour le fisc, alors que l'héritier aurait en réalité bénéficié de 25.000 fr. Ainsi un passif réel ne pouvant pas se déduire d'un capital fictif, tous les projets sur l'abandon de la distraction des charges doivent comporter des modifications sur l'évaluation de la matière imposable.

On dit encore que le mode d'évaluation en usage pour les mutations par décès ne se légitime pas. Il est évident, en effet, que quel que soit le mode de transmission d'un immeuble : vente, donation ou succession, il aura toujours une même valeur pour le nouveau possesseur : la valeur vénale.

En outre, cette manière d'évaluer crée une inégalité dans la charge de l'impôt. Celui-ci ne frappera que les biens qui produisent des revenus, c'est-à-dire les petites propriétés rurales. La propriété de luxe, qui n'a de valeur, pour ceux qui la possèdent, que par le plaisir moral qu'elle leur procure, sera exempte de tout droit. Etablir un impôt sur le revenu à peu près nul d'un château, c'est établir une inégalité entre le millionnaire et le paysan dont la terre produit plus que celle de son riche voisin.

Nous venons de résumer les principaux arguments des partisans de la substitution de la valeur vénale à la valeur fictive. Un tel changement n'amènerait pas, à notre avis, des résultats

bien préférables à ceux que produit le régime
actuel.

S'il est juste de reconnaître que l'abandon du
principe de la non-déduction du passif se conci-
lierait très aisément avec un mode d'évaluation
autre que celui qui est basé sur la capitalisation
du revenu ; il n'en n'est pas moins vrai que l'a-
doption du système de la valeur vénale, prise
comme base, entraînerait, à certains points de
vue, de fâcheuses conséquences. Si l'on permet
à l'administration de critiquer les déclarations
estimatives des héritiers (il est difficile d'admettre
qu'on n'en n'arrivera pas là), on crée pour la
perception de l'impôt un nouvel objet de difficultés entre le fisc et les particuliers. Des sujets
de discussion ne sauraient manquer de se produire lorsque l'immeuble n'aura pas fait l'objet
d'une vente, ou de tout autre contrat, de date
rapprochée du décès. Cette conséquence de la
réforme a tellement bien été prévue par ses pro-
moteurs, qu'ils ont conservé, comme dernière
garantie pour le Trésor, l'impossibilité d'une
évaluation inférieure à celle du denier 20 ou 25.
L'article 4 du projet rectifié de la Commission,
du 10 novembre 1894 était, en effet, ainsi conçu :

« Le droit de mutation par décès sera liquidé,
quant aux immeubles, sur la valeur vénale des
biens ; *sans que cette valeur soit inférieure
au produit de la capitalisation du revenu,
faite au denier 20 pour les immeubles*

urbains et au denier 25 pour les immeubles r2ruaux ».

Le changement proposé n'aurait donc pas sensiblement modifié la situation, puisque la valeur obtenue par la capitalisation des revenus devait rester la limite imposée, au-dessous de laquelle il était impossible de reculer.

Une modification dans le mode d'évaluation des immeubles serait onéreuse pour les propriétés rurales. En effet, la valeur frappée dans notre système actuel est inférieure à la valeur vénale. Le revenu net est représenté par le prix des baux ruraux. Ce revenu étant capitalisé par 25, on admet donc que le produit des terres est du 4 o/o. Cette donnée n'est pas exacte en pratique, car, en moyenne, le revenu de la terre n'est que du 3 o/o. Il en résulte donc que le capital imposé est inférieur en valeur, au capital vénal. Ainsi, une propriété de vingt-mille francs qui, en fait, rapporte six-cents francs, est imposée sur un capital de quinze mille, égal à vingt-cinq fois le revenu. Une fois la réforme adoptée ; la propriété sera grevée d'après un capital de vingt-mille francs ; la charge sera donc plus lourde pour l'agriculture.

M. Doumer, rapporteur du projet de loi adopté par la Chambre des députés, le 22 novembre 1895, justifiait ainsi les craintes que lui inspirait un changement de méthode pour la propriété

rurale (1) : « Substituer la valeur vénale au
revenu capitalisé, comme il l'est actuellement
au denier 25, c'était imposer un surcroît de charges à la propriété rurale dont le revenu est
presque toujours inférieur à 4 o/o et dont la
situation à l'heure présente n'est pas tellement
prospère qu'on ait le droit de la surcharger. En
outre, l'administration a de longue date amassé
une foule de documents et de renseignements
sur le revenu des biens ruraux, qui lui permettent de contrôler les déclarations des héritiers
ou légataires. C'était perdre, au grand détriment
du Trésor le fruit de ce patient travail, que
d'abandonner la méthode du revenu capitalisé (2). »

Un des principaux vices du mode d'évaluation actuel est l'affranchissement des propriétés
de luxe du paiement de tout impôt. Il crée, dit-

(1) Rapport du 22 octobre 1895 . J. Off., Chamb., Ann.. 1895,
p. 893.
(2) Cette question de la substitution de la valeur vénale a la
valeur conventionnelle a soulevé un mouvement d'opinion assez
important, si on en juge par le nombre des projets de loi déposés . proposition de M. Boue (1887) : projet du gouvernement
(1888-1889)· rapport de M. Jamais (27 mars 1890, J. Off., Ch.
Ann. 1890, p. 845) et de M Boudenoot (4 juillet 1892 J Off.
Ch Ann , 1892 p. 1474) . proposition de loi de M Dupuy-Dutemps (25 nov. 1893) et de M. Boudenoot (30 nov. 1893) projet
du gouvernement (8 fév. 1894). projet rectifié de la commission
(5 juillet 1894 : J. Off , Ch. Ann , 1894, I. p. 1089); projet du
gouvernement (24 juillet 1894), rapport de M. Doumer (10 nov.
1894 J Off. Ch Ann . 1894, II p. 1481).

on. une inégalité entre le bénéficiaire d'un domaine d'agrément, improductif de revenus, et l'héritier d'une petite propriété rurale qui n'a de valeur que par son revenu. Nous répondrons à cela qu'un impôt équitable doit frapper les contribuables proportionnellement à l'augmentation des ressources annuelles qui résultent pour chacun d'eux de l'hérédité. Or l'héritier d'une propriété de pur agrément fait, en somme, une acquisition dispendieuse. En thèse générale, les domaines de luxe sont fort coûteux à entretenir ; improductifs de revenus, ils ne peuvent guère être utiles que comme moyens de crédit. En les hypothéquant, en les aliénant, on peut sans doute les transformer en capitaux productifs ; mais un droit proportionnel est perçu dans les deux cas.

Les immeubles de rapport, au contraire, augmentent les ressources annuelles de l'héritier, sans qu'il y ait besoin pour lui de faire des avances. Il pourra, au bout d'un certain temps, s'indemniser de l'impôt qu'il a été obligé de payer. Le bénéficiaire d'une propriété improductive n'aura pas cette ressource à sa disposition ; du moins, aussi longtemps qu'il conservera le bien dans l'état où il l'a recueilli.

Un changement de base ne produirait pas, il nous semble, une amélioration bien sérieuse dans la situation des contribuables. On ferait donc peut-être bien de s'en tenir encore aux dis-

positions de l'article 15, n° 7 de la loi de frimaire et 2 de la loi du 21 juin 1875.

Section II

Législations étrangères

Tous les pays, sauf la Belgique, l'Angleterre
et l'Alsace-Lorraine, ont inscrit dans leur législation le principe de l'évaluation des immeubles
par la considération de leur valeur vénale (1).

I. Belgique. — Il existe en Belgique trois
modes différents de fixer la valeur des biens
imposables. Les immeubles situés à l'étranger
ont une valeur égale au produit de 20 ou 30 fois
leur revenu annuel, suivant qu'il s'agit de propriétés bâties ou non baties. La valeur des immeubles situés en Belgique est déterminée
périodiquement par les soins du gouvernement
qui établit un rapport entre la valeur vénale
et le revenu cadastral. Enfin les héritiers peuvent faire procéder, à leurs frais, à une évaluation des biens ; qui sert de base définitive
à la perception de l'impôt.

II. Alsace-Lorraine. — (2) En Alsace-

___

(1) Bulletin de statistique et de legislation comparee, août 1888.
p. 187 et s.

(2) Bulletin de statistique, juillet 1889.

Lorraine, le principe de l'article 15, 7°, de la loi de frimaire existe encore, mais avec certains tempéraments. Le revenu annuel est pris comme base, mais sans distinction entre les immeubles ruraux ou urbains ; le multiplicateur est vingt dans tous les cas. Cette règle ne s'applique que s'il n'existe pas de dettes, ou, lorsqu'il en existe, si la valeur vénale est insuffisante pour faire face aux dettes hypothécaires et à la partie des autres dettes excédant l'actif mobilier.

III. ANGLETERRE. — Le grand nombre d'immeubles soumis au régime des substitutions a fait admettre en Angleterre (1), un mode original d'évaluation. Le législateur en établissant en 1853 le droit de succession a conçu un tableau servant à déterminer la valeur des biens, suivant l'âge de l'usufruitier ; de sorte que l'impôt se perçoit, tout à la fois, sur une valeur correspondant au revenu de l'immeuble et à l'âge de l'usufruitier.

D'après ce tableau (2), un revenu de cent livres sterling représente en capital :

Si l'héritier a 1 an...... 1.892 livres sterl.
»   4 ans..... 1.928 »
»   10 ans..... 1.878 »
»   20 ans..... 1.729 »
»   30 ans..... 1.644 »

(1) Bulletin de statistique. juillet 1889.
(2) Bulletin de statistique, avril 1880.

Si l'héritier a 40 ans.... . 1.242 livres sterl.

» 50 ans..... 972 »

» 80 ans..... 381 »

» 95 ans..... 64 »

Section III

Meubles

L'administration, sous l'empire de la loi de frimaire, était à peu près désarmée en face de la fraude dans les déclarations d'objets mobiliers. L'article 3 de la loi du 21 juin 1875 améliora sa situation; mais à défaut d'inventaire ou d'un autre acte équivalent, elle restait à la discrétion des parties. L'article 4 du projet présenté à la Chambre des députés a très heureusement modifié l'article 3 de la loi du 21 juin 1871, qui désormais est ainsi conçu :

« La valeur de la propriété des biens meubles est déterminée, pour la liquidation et le paiement du droit de mutation par décès :

« 1° Par l'estimation contenue dans les inventaires ou autres actes passés dans les deux années du décès ;

« 2° Par le prix exprimé dans les actes de vente, lorsque cette vente a lieu publiquement, et dans les deux années qui suivent le décès ; cette disposition s'applique aux objets inventoriés et estimés conformément au § 1, et dont l'évaluation serait inférieure au prix de vente ;

« 3° A défaut d'inventaires ou d'actes de vente, *en prenant pour base 60 o/o de l'évaluation faite dans les polices d'assurances* en cours au jour du décès et souscrites par le défunt ou ses auteurs, moins de cinq ans avant l'ouverture de la succession ;

« 4° Enfin, à défaut de toutes les bases d'évaluation établies aux trois paragraphes précédents, par la déclaration faite conformément au § 8 de l'article 14 de la loi du 22 frimaire an VII. »

CHAPITRE III

Evaluation de l'usufruit et de la nue-propriété

Le principe applicable aux mutations d'usufruit est semblable à celui qui est suivi pour les mutations de propriété. Les deux valeurs sont évaluées fictivement, par le moyen d'une capitalisation de revenus. Le chiffre multiplicateur n'est que 10 ou 12 1/2, s'il s'agit d'un usufruit ; il est de 20 ou 25, s'il s'agit de la propriété. La loi fiscale évalue l'usufruit à la moitié de la valeur de la pleine propriété. Ce rapport ne peut d'ailleurs être suivi rigoureusement. Si l'usufruit transmis doit durer moins de dix ans ou de douze ans et demi, on ne pourra pas lever l'impôt sur un capital formé du produit d'un revenu par 10 ou 12 1/2, quand ce revenu ne doit être recueilli que pendant un nombre d'années moindre (1).

(1) Différentes manières d'évaluation ont été proposées dans cette hypothèse. D'après Championnière et Rigaud, l'évaluation doit être faite par une déclaration estimative des parties Championnière et Rigaud, Droits d'enregistrement, t. IV, n° 3492. Une autre solution consisterait à évaluer l'usufruit en multipliant le revenu par le nombre d'années restant à courir jusqu'à l'extinction de ce droit : Garnier, R. Gén., n° 1666. Cette dernière solution est très conforme au principe déposé dans la loi de frimaire.

Puisque l'usufruit est censé représenter la moitié de la valeur de la pleine propriété, la nue-propriété devrait logiquement en représenter l'autre moitié. Au contraire, l'article 15, n° 7, de la loi de frimaire lui attribue la même valeur qu'à la pleine propriété.

Section première

Inconvénients du régime actuel

Il résulte de ce mode d'évaluation, qu'en cas de transmission distincte d'usufruit et de nue-propriété, comme cela se présente quotidiennement en matiere de succession, le contribuable acquitte le droit d'enregistrement sur une valeur représentant une fois et demie la propriété; c'est-à-dire sur une valeur supérieure au montant de la transmission.

En outre, le bénéficiaire d'une nue-propriété est obligé de payer le même droit que s'il jouissait immédiatement de la propriété, de faire l'avance d'un impôt considérable, afférent à une valeur qu'il ne recueille pas. La nue-propriétè ne lui offre, pour sa libération envers le fisc, aucun moyen de crédit.

Au moment où fut rédigée la loi organique de l'enregistrement, il n'était guère possible d'obtenir une base d'appréciation des chances de

durée de la vie humaine et d'évaluer à chaque
mutation la valeur respective des démembrements de la propriété. En outre, le législateur a
considéré que si la nue-propriété n'a aucune
valeur, elle conduit inévitablement à la pleine
propriété. Il en a déduit que l'impôt était dû au
Trésor et qu'il importait peu que le contribuable
l'acquittât au moment de la transmission de la
nue-propriété ou à l'instant de l'adjonction de
l'usufruit à la nue-propriété. Et comme la perception du droit aurait été compromise, si une
partie de l'acquittement eût été renvoyée à la
consolidation de l'usufruit, il a établi une perception unique.

Aujourd'hui, les probabilités de la durée de la
vie sont établies par des calculs basés sur les
statistiques, et les tables de mortalité seraient
des moyens sérieux de fixer, à peu de chose
près, la chance de vie des usufruitiers, selon
leur âge à l'époque de la naissance de leur
droit (1).

La coutume de faire payer au bénéficiaire de
la nue-propriété un droit sur la valeur entière
des biens transmis peut paraître juste, en raison
de l'absence d'impôt au moment de la réunion
des deux droits ; mais il n'en n'est pas moins
vrai qu'une telle perception est excessive, puis-

(1) Expose des motifs du projet de loi du 20 mais 1880,
J. Off., année 1880, p. 4547.

que la taxe est acquittée sur une valeur dont on ne bénéficie pas.

Section II

Législations étrangères

Dans plusieurs pays, le mode d'évaluation usité en France est en usage : c'est-à-dire que la valeur de l'usufruit est égale à une partie de la valeur de la pleine propriété (1). En Espagne, cette valeur est du quart de la pleine propriété ; elle est de la moitié en Belgique, dans le grand duché de Luxembourg et en Russie.

I. ITALIE. — En Italie, l'usufruit constitué pour un temps déterminé ou dépassant 10 ans, s'évalue à la moitié de la pleine propriété ; si l'usufruitier a plus de cinquante ans, la valeur de l'usufruit est fixée au quart des biens (2).

II. ALLEMAGNE. — La législation de chacun des états de l'Allemagne, sauf celle du grand duché de Bade, comporte le calcul de la valeur de l'usufruit viager d'après l'âge de l'usufruitier.

C'est ainsi que, d'après l'article 13 de la loi

(1) Bulletin de statistique : août 1888, p. 192 et s.
(2) Loi du 13 septembre 1874, art. 5.

du 18 août 1879, régissant sur ce point le royaume de Bavière, la valeur de l'usufruit est obtenue
de la façon suivante ; on multiplie le revenu
par :

18 quand le bénéficiaire a 15 ans et au-dessous
17   »   »   de 15 à 25 ans
15 1/2 »   »   25 à 35   »
14   »   »   35 à 45   »
12   »   »   45 à 55   »
 8 1/2 »   »   55 à 65   »
 5   »   »   65 à 75   »
 3   »   »   75 à 80   »
 2   »   »   80 ans et au-dessus.

L'article 14 de la loi du 30 mai 1873, prescrit
pour la Prusse une multiplication du revenu
suivant les mêmes périodes, mais par des coéffi-
cients un peu différents.

En Alsace-Lorraine, l'article 11 de la loi du
12 juin 1889 (1) a rendu applicable à ce pays un
tarif identique à celui de la Bavière.

Le décret du 26 mars 1881 a rendu applicable
au grand-duché de Würtemberg, un régime établi d'après le tableau suivant, annexé au décret
du 26 mars 1881 (2) :

(1) Bulletin de statistique, juillet 1889.
(2) Meme source p. 193.

Age de l'usufruitier	Durée probable de la vie	Valeur d'un marc de rente annuelle		
1 à 20 ans	30 ans	18	marcks	02931360
21 à 25 »	28 »	17	»	22115033
26 à 30 »	25 »	15	»	94416914
31 â 35 »	23 »	14	»	58006297
36 à 40 »	20 »	13	»	61606761
41 â 45 »	18 »	12	»	60324710
46 à 50 »	13 »	9	»	82117135
51 à 55 »	9 «	7	»	27828280
56 â 60 »	7 »	5	»	87434192
au-dessus de 60 »	5 »	4	»	36437041

Le mode d'évaluation en usage dans les Pays-Bas est en principe analogue à celui qui régit les pays Allemands (1). Dans certains cantons suisses, les transmissions d'usufruit ne sont assujetties à aucun droit. Dans le canton de Vaud, l'usufruitier doit payer au nu-propriétaire les intérêts des droits de mutation acquittés par ce dernier ; il n'acquitte aucun droit pour la transmission d'usufruit.

SECTION III

Etablissement de la taxe sur la valeur réelle de l'usufruit et de la nue propriété

En 1880, M. Magnin déposa un projet de loi

(1) Même source. p. 194.

relatif au mode de liquidation applicable aux
mutations de nue-propriété et d'usufruit. Ce pro-
projet ne fut pas adopté, parce qu'il aurait
entraîné un trop gros déficit pour le Trésor.
Malgré cela, il fut repris en 1888, par M. Peytral,
ministre des finances, et en juillet 1892, par
M. Dupuy-Dutemps, rapporteur de la commission chargée d'examiner la proposition de
M. Maujan, sur la réforme de l'impôt.

L'obligation d'acquitter un impôt sur une
valeur qui n'est pas recueillie éveille une idée
d'injustice. La proposition de M. Maujan ten-
dait surtout à supprimer ce résultat. Le projet
maintenait la nécessité, pour l'usufruitier,
d'acquitter un droit égal à la moitié de celui
qui serait dû pour la pleine propriété. Le nu-
propriétaire avait à payer, seulement à l'époque
de la cessation de l'usufruit, un droit égal à celui
dû pour la pleine propriété, en prenant pour
base la valeur de la chose au moment où l'usufruit a pris fin (1).

Ce système supprimait le premier inconvénient
que nous avons signalé ; mais il laissait subsis-
ter le principe de l'évaluation de l'usufruit à la
moitié de la valeur de la propriété, quel que fut
l'âge de l'usufruitier.

Aussi la commission chargée de l'examen de
la proposition de M. Maujan, décida-t-elle

(1) Proposition de loi du 13 mai 1891, art 3.

qu'il était nécessaire de donner à l'impôt une
base plus conforme à la réalité et se rallia-t-elle
à la proposition présentée en 1880 par le gouvernement (1).

Ce système repose sur cette idée que la nue-
propriété est d'une valeur variable croissant en
raison inverse des chances de durée de l'usufruit.
Elle sera d'autant plus imposable que l'usufruit
sera présumé devoir durer moins longtemps.
L'usufruit et la nue-propriété supporteront l'impôt lors de chacune de leurs transmissions sur
leur véritable valeur. En acquittant la taxe
ainsi organisée, le nu-propriétaire acquerra
gratuitement l'usufruit, au moment où l'usufruitier sera arrivé au terme de sa jouissance.

Le projet présenté par le gouvernement, en
1880, présente les bases d'évaluation suivantes.
La durée de l'usufruit est divisée en un nombre
de périodes restreint. Si l'usufruitier a moins de
vingt ans révolus, l'usufruit est estimé aux sept
dixièmes, et la nue-propriété aux trois dixièmes
de la pleine propriété. Au-dessus de vingt ans,

(1) Depuis le projet du gouvernement du 20 mars 1880 sur la
réforme du mode d'evaluation de l'usufruit et de la nue-propriété,
les bases de la modification sont restees a peu pres invariables ·
Projet du gouvernement du 15 octobre 1888 : rapport de M. Boudenoot. 4 juillet 1892 : rapport de M Dupuy-Dutemps. 9 juillet
1892, sur la proposition de loi de M. Maujan du 13 mai 1891
ayant pour objet la reforme generale de l'impôt ; projet du gouvernement du 8 fev. 1894. projet rectifie de la commission .
5 juillet 1894

la proportion est diminuée pour l'usufruit et augmentée, pour la nue-propriété, d'un dixième par
chaque période de dix ans. Lorsque l'usufruitier
a atteint l'âge de soixante-dix ans révolus, l'usufruit vaut un dixième et la nue-propriété neuf
dixièmes de la pleine propriété. Ce système
permet d'évaluer un usufruit viager aussi bien
qu'un usufruit à terme. L'usufruit constitué pour
une durée fixe sera estimé aux deux dixièmes de
de la valeur de la propriété entière pour chaque
période de dix ans de la durée de l'usufruit,
sans fraction et sans égard à l'âge de l'usufruitier. Bien que ce système ne soit pas parfait,
parce qu'il n'est pas mathématiquement conforme
à la vérité, du moins se rapproche-t-il beaucoup
plus de la réalité que celui du législateur de l'an
VII.

Les principes directeurs du projet de 1880 sont
demeurés les bases de la proposition du gouvernement du 24 juillet 1894, qui ne fait aussi
qu'établir l'impôt en considérant respectivement
la valeur des deux éléments transmis : usufruit
et nue-propriété (1). L'évaluation en est établie
par la durée de la vie de l'usufruitier. En résumé,
la valeur de l'usufruit et de la nue-propriété est
obtenue conformément aux données du projet
déposé en 1880 (2).

(1) J. Off , Ch , Ann., 1894, II. p. 1247.
(2) Voir page 192.

« Les diverses périodes de l'usufruit et les tarifs qui s'y appliquent ont été établis avec la double préoccupation de se rapprocher autant que possible des moyennes, aujourd'hui rigoureusement calculées, sur la durée de la vie humaine et de ne pas compliquer le calcul des droits à percevoir » (1).

L'article 6 du projet indique les justifications que devront fournir les parties sur la date et le lieu de naissance de l'usufruitier. L'adoption des principes déposés dans le dernier projet serait fort désirable. Les mesures qui y sont étudiées satisfairaient l'équité.

(1) Rapport de M. Doumer, 10 nov. 1894.

CHAPITRE IV

Tarif des droits

Les réformes que nous avons signalées occasionneraient, par leur réalisation, une diminution notable du rendement de l'impôt. L'exposé des motifs du projet du 24 juillet 1894 contient à ce sujet des indications. Le déficit est évalué à 25 millions par le fait de la déduction des dettes, et à 10 millions par la réforme de l'évaluation de l'usufruit et de la nue-propriété. On a proposé, pour remédier à cette situation, la suppression de la vocation héréditaire, pour certains successeurs en ligne collatérale ; l'établissement d'un tarif progressif et d'une taxe représentative du droit de mutation par décès pour les titres au porteur.

Section première

Suppression de la vocation héréditaire pour certains collatéraux

On comprend difficilement que les préoccupations fiscales aient, seules, fait projeter au

législateur la restriction de la vocation héréditaire en ligne collatérale. De pareilles réformes
ne doivent pas être accomplies dans le seul but
d'augmenter le rendement de l'impôt, et les
considérants des divers projets n'auraient pas dû
seulement présenter la perspective d'avantages
fiscaux. C'est pourtant le contraire que nous
constatons : toutes les modifications projetées
n'ont laissé entrevoir qu'un seul but : l'accroissement des revenus publics.

La suppression d'une catégorie de successibles,
un arrêt moins éloigné dans la descendance collatérale sont, dans la pensée des novateurs, les
moyens de faire bénéficier l'Etat de grosses
sommes. Lorsque la succession passe, par la volonté du testateur, à des personnes qui ne lui
étaient point parentes, le tarif des droits arrive
à 11 fr. 25 o/o.

On comprend l'importance que présente, au
point de vue fiscal, la limite à laquelle doit s'arrêter la vocation héréditaire. Plus grand sera le
nombre des successibles, moins fréquente sera
l'application du tarif maximum de 11 fr. 25 o/o.
Le produit de l'impôt sera d'autant moins considérable que le nombre des degrés de succession
sera plus élevé.

Si la vocation héréditaire est restreinte, l'Etat
se présentera plus souvent comme seul héritier
habile à recueillir. Tels sont les raisonnements

qu'ont tenus les auteurs des différents projets que nous allons examiner.

Treilhard, en présentant le titre 1ᵉʳ du livre III du Code civil, appelait la loi sur les successions « le testament présumé de toute personne qui décède sans avoir valablement exprimé une volonté différente. »

L'héritier ne puise donc pas son droit dans la loi à proprement parler, mais dans la volonté du défunt, que la loi rend obligatoire.

Les jurisconsultes, auteurs du Code civil, ont arrêté au douzième degré inclusivement les effets de l'affection du défunt (1). Le tribun Siméon s'exprimait ainsi : « Outre la difficulté des preuves au-delà du douzième degré, le Code a dû prendre un terme quelconque; sinon, en remontant à l'infini, on verrait les familles se confondre... après le douzième degré, on est si éloigné de la souche commune; les sentiments d'affection et de famille sont si usés, que la plupart du temps on ne se connaît pas, et l'on a respectivement pas plus de droits que les autres hommes. »

La limite s'arrête donc au douzième degré,

_____

(1) Treilhard disait « Nous avons pensé que les parents au-delà du douzième degré ne devaient pas succéder. Les relations de famille sont effacées dans un si grand éloignement, et une longue expérience nous a prouvé que les successions dévolues à de telles distances étaient toujours en proie à une foule de contestations. »

comme elle se serait arrêtée au dixième ou au
onzième *indifféremment*, et l'on conçoit les critiques. Il est en effet peu vraisemblable que des
cousins au douzième degré se connaissent. Les
recherches laborieuses auxquelles donnent lieu
les successions entre cousins au cinquième ou
septième degré ne sont guère possibles au-delà.
Une pareille extension de la vocation héréditaire
a causé la naissance d'une industrie spéciale :
celles des généalogistes qui s'occupent à recher-
cher les filiations ; cette industrie est peu recom-
mandable.

A l'époque de la promulgation du Code ; les
déplacements, les changements de résidence
étaient moins fréquents que de nos jours. La
suppression de la distance, la plus grande activité de la vie accroissent sensiblement les difficultés que font naître les règles de l'article 755 du
Code civil. Les procès qu'occasionnent les successions dévolues à des degrés éloignés sont
trop nombreux : une modification serait bien-
venue.

Les auteurs des propositions ne sont pas tous
d'accord. MM. Saint-Ferréol et Maujan (proposition du 13 mai 1891) (1) veulent que la vocation héréditaire s'arrête au quatrième degré.
M. Delaunay demande que l'aptitude à succéder

(1) Ch . J. Off , Ann . 1891, t II, p. 3057.

soit maintenue jusqu'au huitième degré (1). La délimination du sixième degré a été adoptée par M. Peytral dans le projet qu'il déposa en 1888 au nom du gouvernement (2).

Cette réforme supprimerait une partie des viciosités que nous avons signalées plus haut et développerait la faculté de tester. L'homme ne songe pas à tester parce qu'il sait que la loi fait son testament pour lui ; mais à partir du jour où il saurait, qu'à défaut de parents au sixième degré, sa succession irait à l'État, il préférerait instituer n'importe qui, que de lui laisser ses biens (3).

Au point de vue civil, la réforme doit donc produire d'heureux résultats ; ses conséquences seront également appréciables au point de vue financier.

M. Leroy-Beaulieu les prévoit cependant dans les termes suivants: « Si ce projet (4) eût été adopté, il n'y a nul doute que le Trésor

(1) Proposition du 19 janvier 1891. Ch., Ann. 1891, t. I. p. 273.

(2) Projet de loi du 15 octobre 1888, J. Off., Chambre Ann., 1888 (session extraor.) p. 119.

(3) « Il est naturel en effet que chacun préfère une personne quelconque : un ami, un serviteur, une association ou même sa commune a cet être si vaste qui s'appelle l'État. » Leroy-Beaulieu, « La science des finances » 2me édit , p. 498.

(4) Le projet est celui déposé par M. Goudchaux en 1848 et qu'ayant pour principale disposition la suppression de toute une catégorie de successibles.

n'eût bénéficié tous les ans de sommes assez
importantes, moins importantes. cependant, que
ne le supposaient les auteurs de la proposition,
parce que l'habitude se serait bientôt prise, en
pareil cas, de faire un testament ».

Nous pensons, néanmoins, que la restriction
de la vocation héréditaire au sixième degré de
parenté produirait, au contraire, une plus-value
notable, parce que le nombre des héritiers soumis au tarif maximum de 11, 25 o/o (décimes
compris) serait notablement accru et que les
successions en déshérence deviendraient aussi
beaucoup plus fréquentes. D'apres des calculs
faits avec soin, la valeur des successions qui
seraient attribuées à l'État, en cas de décès de
personnes ne laissant pas d'héritiers au degre
successible, peut être approximativement évaluée à vingt millions.

Il est bien évident qu'il ne faut pas négliger
un fait qui se produira sûrement : l'extension
des dispositions testamentaires au profit des
anciens successibles dont la vocation aura été
supprimée. Il faut compter qu'un quart environ
de la somme de vingt millions fera l'objet de
legs, soit cinq millions. Ainsi le Trésor touche-
rait annuellement une somme de quinze millions (1).

(1) Projet Peytral. exposé des motifs et annexe n° 2, Ch. annexes 1888 (session extraor.), p. 119-120.

Section II

Substitution du tarif progressif au tarif proportionnel

L'impôt proportionnel est celui qui prélève toujours une portion uniforme du revenu des citoyens, quelle que soit l'importance de ce revenu. L'impôt progressif, au contraire, prélève sur les ressources de chacun une quote-part d'autant plus élevée que ces ressources sont plus considérables (1).

Le tarif actuel des droits de succession est progressif en un certain sens. Il est, en effet, d'autant plus élevé que le bénéficiaire de la succession est à un degré de parenté plus éloigné du défunt : les parents en ligne directe paient 1, 25 o/o sur ce qu'ils reçoivent, tandis que les parents au cinquième et douzième degré paient de 8 à 10 o/o et les personnes non parentes 11, 25 o/o. Mais ce tarif est proportionnel en ce que l'importance de la succession n'est par prise en considération pour l'établissement de la taxe. L'héritier en ligne directe qui recueille la succession paternelle est toujours taxé uniformément à 1, 25 o/o, que la succession soit de mille francs ou de un million.

(1) Leroy-Beaulieu : « La science des finances », t. I. p 132

Ce résultat n'a pas paru équitable à certains législateurs. A la théorie de la proportionnalité matérielle de l'impôt, ils ont tenté de substituer celle de la proportionnalité du sacrifice. En d'autres termes, ils ont prétendu qu'il ne fallait pas exiger la même quote-part de tous les revenus des citoyens ; mais leur imposer la même dose de sacrifices. Ainsi, on a essayé de prouver que le titulaire d'une fortune rapportant dix-mille francs de rente fait un sacrifice moins considérable en payant mille francs d'impôts, que l'héritier d'une fortune de mille francs de revenus en en payant cent. On en conclut que si l'impôt prend 10 o/o au bénéficiaire de mille francs de revenu annuel, il devra prendre 15 ou 20 o/o à celui qui en a dix-mille.

Telle est, en résumé, la doctrine dont de nombreux auteurs se sont faits les apôtres (1). Elle est « sentimentale et n'a aucune base rationnelle » (2). Si on admet, comme nous l'avons fait, que l'impôt doit être la rénumération d'un service rendu par l'État, on ne peut adopter la théorie de la progressivité. L'idée que l'État est tenu de demander un sacrifice égal à tous les citoyens n'est pas rationnelle ; elle est incompatible avec la base que nous avons adoptée. Il

(1) Leroy-Beaulieu. Traité de la science des finances, t I, p 133 et s.
(2) Leroy-Beaulieu, Traité de la science des finances, p. 138

ne s'agit pas pour l'État d'infliger des sacrifices, mais bien de recouvrer de chacun des citoyens le prix des services qu'il lui rend et leur juste contribution dans les obligations de la nation.

La théorie de la progressivité serait juste s'il était établi que les frais de l'État pour la protection des citoyens croissent, d'une manière plus que proportionnelle, à l'augmentation de leur fortune. Il faudrait, en outre, prouver que les avantages assurés par l'État aux grandes propriétés sont proportionnellement plus considérables que ceux qu'il assure aux petites.

Or cela est inexact. Il ne coûte pas plus à l'État pour défendre et garantir une grande propriété que pour en protéger une de moindre importance. Les compagnies privées, lorsqu'elles ont à remplir une tâche analogue à celle de l'État, ne vendent leurs services qu'au juste prix : elles ne font pas payer proportionnellement plus cher aux grandes propriétés qu'aux petites.

Les compagnies d'assurances n'augmentent pas leur prime en proportion de la fortune de leurs assurés. Les grandes compagnies de chemins de fer ne font pas payer plus cher aux gros expéditeurs qu'aux petits commerçants.

Le principe de la progression arbitraire, considéré intrinsèquement, ne l'est pas moins dans ses applications. En effet, le montant de la progression n'est pas toujours fixe et immuable ; il variera tôt ou tard et selon les besoins du moment : le législateur sera le seul juge de l'accroissement de la taxe. On conçoit facilement quel serait le danger d'un pareil arbitraire.

Ainsi condamné dans son principe (1) ; l'impôt progressif serait, paraît-il, d'une application acceptable pour les taxes successorales. Pour justifier cette opinion, M. Jourdan a dit à la Chambre des députés que les successions n'étaient pas de droit naturel (2) ; un pareil argument pourrait justifier non seulement la progression de l'impôt ; mais encore la confiscation des héritages au profit de l'Etat.

On a dit que le tarif actuel était déjà gradué selon le degré de parenté et qu'une graduation suivant l'importance des parts successorales serait aussi peu critiquable qu'une graduation selon le degré de parenté (3). Nous pouvons répondre que la théorie de l'égalité des sacrifices n'est pas en cause dans l'espèce. La graduation selon le degré de parenté ne fut établie

(1) Article de M. Bodin dans la « Revue d'Economie politique » 1894, p 950 et s . « La reforme des droits de succession et la notion de l'impôt progressif.

(2) Debats de la Chambre des deputes : séance du 8 novembre 1895. M Jourdan a cité le passage suivant de Montesquieu. « La loi naturelle ordonne aux peres de nourrir leurs enfants, mais elle n'oblige pas de les faire heritiers .. il est vrai que l'ordre politique ou civil demande souvent que les enfants succedent aux peres, mais il ne l'exige pas toujours. »

(3) Exposé des motifs du projet du 24 juillet 1894.

que pour faciliter le recouvrement de l'impôt et
en augmenter le rendement. C'est dans ce double
but qu'on a établi un tarif variable selon la
force du droit de l'héritier à la succession. L'impôt est supporté d'autant plus facilement que
l'accroissement de richesse est plus inattendu,
mais tous les héritiers d'une même catégorie sont
frappés également quel que soit le montant de
leur émolument.

Les adversaires de la progression reprochent
à l'impôt progressif d'être *personnel* et d'exiger
un contrôle inquisitorial sur les affaires de chacun en nécessitant un examen général de ses
ressources. Il lui opposent l'impôt réel établi
sur le produit annuel d'un bien, abstraction
faite de la personnalité du propriétaire ; ou sur
une mutation quelconque, quel que soit l'acquéreur, lequel impôt permet seul d'éviter l'arbitraire fiscal. Les partisans de la progression
répondent que la nouvelle taxe proposée n'em-
pêchera pas l'impôt successoral de conserver
son caractère de réalité et que nul changement
n'interviendra dans les procédés actuels de la
perception.

Cette réponse est juste, mais l'idée de progression reste toujours inéquitable en elle-même,
car, elle ne s'applique pas à l'ensemble des
revenus du contribuable, mais à une même part
successorale. La progression n'est pas admissible en ce cas, puisqu'elle est uniforme, iden-

tique, quelle que soit la fortune de l'héritier (1).

Les projets de loi tendant à substituer la progression à la proportionnalité sont ceux :

1° De MM. Barbe et Viger, présentés le 29 mars 1890 (2) ;

2° Ceux qui furent énoncés dans le rapport général fait au nom de la Commission du budget en 1888, par M. Yves Guyot (3) ;

3° La proposition de M. Maujan, présentée en 1891 (4) ;

4° Les propositions de MM. Borie, Planteau et Chassaing (5) ;

5° Une proposition de MM. Chassaing et Girodet demandant la création d'une caisse générale de retraites (6) ;

6° Enfin le projet déposé par M. Doumer en 1895 (7).

MM. Barbe et ses collègues proposaient que le droit proportionnel, établi pour toute transmission par décès, fut augmenté, en principal :

(1) Discours de M. Rose, séance du 8 nov. 1895.
(2) J Off., Chambre, Annexes, 1890, p. 628.
(3) J. Off , 1887, *session extraordinaire*, p 467.
(4) Rapport de M. Dupuy-Dutemps — projet annexé — art. 37, J. Off., Ch., annexes , 1892, p. 2051
(5) Idem 1885. p. 433.
(6) Proposition de loi concernant la création d'une caisse générale de retraites deposee a la chambre des deputes le 12 avril 1892 J Off, Ch , Annexes, 1892, p. 994.
(7) J Off., Chambre. sess. extraord., 1895, tome unique. page 1 et suivants.

de 1/10pour les successions de 100.001 à 500.000 francs ; d'un neuvième de 500.001 francs à un million ; d'un huitième de 1.000.001 à 2.000.000 ; d'un septième de 2.000.001 à 3 millions ; d'un sixième de 3.000.001 à 5 millions ; d'un cinquième enfin pour les successions de 5.000.000 et au-dessus. Ce qui ferait un taux maximum de 13,50 0/0.

Le tarif présenté par la Commission du budget de 1888 (tit. I, *art.* 34) était plus élevé. Le taux en principal allait de 1 à 3 0/0 en ligne directe ; de 3 à 6,50 0/0 entre époux ; de 6,50 à 11,50 0/0 entre frères, sœurs, oncles, tantes, neveux et nièces ; de 7 à 12,60 0/0 entre grands-oncles, grand'tantes, petits-neveux, petites-nièces, cousins-germains ; enfin de 9 à 14,50 0/0 entre parents au-delà du quatrième degré et entre personnes non parentes.

On arrive à des proportions comportant une progression exagérée avec les projets de MM. Borie, Planteau et Chassaing. Les maximums deviennent alors de 10 0/0 en ligne directe ; de 12 0/0 entre époux ; de 15 0/0 pour les frères et sœurs: de 18 0/0 pour les oncles et tantes et jusqu'au quatrième degré ; de 20 0/0 du quatrième au douzième degré, et de 23 0/0 pour les étrangers.

M. Planteau voudrait qu'on prélevât comme « droit social », sur toutes les successions en ligne directe une part de 0.50 par 100 francs au-dessous de 2 000 francs ; de 1 franc de 2.000

à moins de 5.000 francs ; de 2 francs de 5.000 à
moins de 10.000 francs; de 3 francs de 10.000 à
moins de 20.000 francs ; de 12 francs de 100.000
à moins de 150.000 francs; enfin de 40 o/o sur
les successions de un million et au-dessus. Sur
les donations et sur les successions testamentaires au profit de toute personne non parente
en ligne directe, il serait prélevé un droit de
50 o/o.

MM. Chassaing et ses collègues demandent la
création d'une caisse générale de retraites qui
serait alimentée par : 1° les sommes à provenir
de la suppression de l'hérédité en ligne collatérale ; 2° les droits de succession acquittés par
chaque héritier sur la quotité lui revenant, déduction faite du passif, et fixés : à 1 o/o jusqu'à
1000 francs ; à 2 o/o de 1000 à 15.000 francs ;
à 3 o/o de 15.000 à 30.000 francs ; à 10 o/o de
30.000 à 50.000 francs ; à 20 o/o de 50.000 à
100.000 francs ; à 40 o/o de 100.000 à 500.000
francs ; à 50 o/o de 500.000 francs à un million ;
à 75 o/o au-dessus de un million ; 3° des droits
identiques sur les donations entre-vifs.

L'article 8 du dernier projet voté par la Chambre des députés (1) prescrit la liquidation des
droits sur une part d'une valeur déterminée selon
les tarifs exposés au tableau suivant (2) :

(1) Rapport du 22 octobre 1895, p. 905.
(2) Ce tableau est dans le J. Ofl., Ch.. Session extraord . 1895,
tome unique, p. 7.

PARENTE	TAXE APPLICABLE A LA FRACTION DE PART NETTE comprise entre								
	1.000 et 2.000 f	2.001 et 10.000 f	10.001 et 50.000 f	50.001 et 100.000 f	100.001 et 250.000 f	250.001 et 500.000 f	500.000 et un million	Un million et trois millions	Au-dessus de trois millions
1° Ligne directe	1 0/0	1.25 0/0	1.50 0/0	1.75 0/0	2 0/0	2 50 0/0	3 0/0	3.50 0/0	4 0/0
2° Entre époux	3.75 0/0	4 0/0	4.50 0/0	5 0/0	5.50 0/0	6 0/0	7 0/0	8 0/0	9 0/0
3° Entre frères et sœurs. .	8 50 0/0	9 0/0	9.50 0/0	10 0/0	10 50 0 0	11 0/0	12 0/0	13 0/0	14 0/0
4° Entre oncles ou tantes, neveux, nièces	10 0/0	10.50 0/0	11 0/0	11.50 0/0	12 0 0	13 0/0	14 0/0	15 0/0	16 0/0
5° Entre grands-oncles, grand'tantes, petits-neveux, petites-nièces, cousins-germains. . . .	12 0/0	12 50 0/0	13 0,0	13.50 0/0	14 0/0	15 0/0	16 0/0	17 0/0	18 0/0
6° Entre parents au-delà du quatrième degré . .	14 0/0	14 50 0/0	15 0/0	15 50 0/0	16 0/0	17 0/0	18 0/0	19 0/0	20 0/0

Telle est la graduation proposée dans le dernier projet voté par la Chambre. MM. Doumer et Trouillot ont présenté les tarifs du projet comme la formule d'une progression modérée. C'est vrai, mais le principe est dangereux, il peut devenir le germe d'un développement exagéré de la progressivité : l'instrument de nivellement dont pourraient se servir les réformateurs à outrance pour égaliser les fortunes.

Bien qu'il soit regrettable d'imposer de nouvelles charges aux contribuables, il vaut encore mieux approuver l'augmentation des tarifs proportionnels proposés par la Commission du Sénat, qui se résume dans les taux suivants (1) :

En ligne directe. .. .. 1.50 o/o

Entre epoux................. ... 4.50 »

Entre frères et sœurs............ 9.00 »

Entre neveux ou nièces, oncles ou tantes, grands-oncles ou grand'tantes 10.00 »

Entre petits-neveux, petites-nièces et cousins-germains .... 12.00 »

Entre parents du cinquième au douzieme degre................. ..... 13.50 »

Ces taux seraient perçus sans l'addition d'aucun décime et produiraient une augmentation suffisant à combler le vide qu'occasionneraient les réformes que nous avons étudiées.

Si on respecte le principe de la proportionnalité,

(1) Journal des débats n° du 12 mars 1896.

le mal que redoutent les économistes ne pourra guère s'étendre. Il serait, au contraire, très facile d'arriver à un tarif excessif par le système de la progression dont le poids ne pèse que sur les héritiers les plus favorisés.

Application aux titres au porteur d'une taxe représentative du droit de mutation par décès.

L'importance des dissimulations auxquelles peuvent donner lieu les valeurs qui ne se traduisent par aucun signe extérieur n'est pas facile à déterminer.

D'après M. Leroy-Beaulieu, les déclarations de succession seraient très sincères (1).

M. Méline estime, au contraire, que la fraude est pratiquée sur une vaste échelle par les héritiers (2). Raisonnant sur les calculs d'après lesquels une fortune change en moyenne de mains tous les trente-cinq ans, il estime que chaque année un trente-cinquième de la richesse mobilière devrait faire l'objet de déclarations de succession. Or, dit-il, le capital en fonds

---

(1) Economiste français . n° du 23 novembre 1895 « L impôt progressif successoral et ses conséquences probables »

(2) Discours de M. Méline · seance du 18 nov 1895.

d'Etat est de 30 milliards ; il devrait donc, à raison des droits auxquels il est soumis, être déclaré pour une somme de 838 millions ; il n'est déclaré que pour 424 millions (1) ; il y a donc 50 o/o de perte. Quant au capital des valeurs mobilières, il est de 58 milliards ; il devrait donc faire objet de déclaration sur un milliard 658 millions ; or, les déclarations ne portent que sur 999 millions (2), c'est-à-dire qu'il n'est déclaré que pour 60 o/o de ce qu'il devrait être.

Bien que ces chiffres soient peut-être exagérés, il est parfaitement possible qu'une perte qu'on ne peut évaluer rigoureusement soit subie par le Trésor.

Certains de nos législateurs ont proposé un remède à la situation ainsi faite à l'Etat par les omissions frauduleuses dont peuvent être objet les valeurs mobilières, en particulier les titres au porteur, dans les déclarations de succession.

Le 11 novembre 1886, M. Fernand Faure déposait à la Chambre des députés (3) une proposition ayant pour objet l'établissement d'une taxe annuelle de 0.20 par 100 francs sur les valeurs au porteur, en remplacement du droit de mutation par décès (4). On avait choisi ce

(1) Bulletin de statistique . 1894, p. 355.
(2) Bulletin de statistique p 355, 1894.
(3) Débats parlementaires. J. Off., Chambre, 1886, p. 1785.
(4) Les valeurs au porteur sont deja assujetties à une taxe annuelle tenant lieu du droit de mutation entre vifs (L. 23 juin 1857).

tarif de o.20 o/o en supposant une mutation par décès tous les trente-six ans et en divisant le tarif moyen des droits de succession 6 o/o par le chiffre 30.

En 1885, M. Gamard, député, dépose un projet de loi contenant une disposition semblable à celle de M. Faure (1). L'article 13 de ce projet est ainsi conçu : « Le droit de mutation par décès sur les valeurs mobilières (actions, obligations. rentes ...) est remplacé en ligne directe, et jusqu'à concurrence du droit unique et de ses décimes, par un abonnement de 4 centimes payable comme celui établi par les lois relatives aux valeurs mobilières au porteur. Le complément du droit dû par les petits-enfants, parents ou étrangers aura lieu dans les six mois du décès, d'après le tarif actuel et dans les formes actuellement en vigueur. »

Ce système soulève de justes critiques. L'impôt ne sera pas payé par l'héritier, mais par son auteur ; il frappera des valeurs qui peuvent n'avoir aucune consistance au moment du décès. La taxe annuelle atteindrait la rente sur l'État, et d'après la loi du 7 vendémiaire an VII. « le tiers de la dette publique, conservé en inscription, est déclaré exempt de toute retenue présente ou future ». La réponse à cette objection est que les transmissions, à titre gratuit, d'inscription de

(1) J. Off., Ann. 1895 . p. 887.

rente sont soumises aux droits de succession et de donation. Ces impôts seront donc transformés en une taxe d'abonnement.

L'inconvénient le plus sérieux de la proposition de M. Gamard serait l'inconciliabilité de la taxe d'abonnement avec la déduction du passif. Supposons, en effet, qu'une fortune de 500.000 francs de valeurs mobilières se trouve déposée à la Banque de France moyennant une avance de 25.000 francs. Lorsque le propriétaire de cette somme mourra, ce passif de 25.000 francs ne pourra pas être déduit, puisqu'il n'y aura pas d'impôt de mutation pour la liquidation duquel on puisse déduire de l'actif successoral la dette de 25.000. Et comme on ne peut obliger l'Etat à rembourser un certain nombre d'annuités de la taxe d'abonnement, la déduction des dettes restera en ce cas lettre-morte. Nous ne pensons pas qu'une pareille innovation puisse produire d'heureux résultats.

Section IV

Législations étrangères

Le tarif progressif n'est en vigueur qu'en Angleterre et dans quelques cantons Suisses. Chez tous les autres peuples de l'Europe, la pro-

portionnalité de l'impôt reste le principe : la
progression constitue l'exception (1).

I. Angleterre. — Dans le Royaume-Uni,
les taxes successorales, très compliquées, sont
au nombre de quatre :

1° Le droit d'homologation.
2° Le droit de compte.
3° Le droit sur les biens mobiliers.
4° Le droit sur les immeubles.

La première est un droit de timbre, perçu sur
les actes par lesquels est homologué un testament, par lesquels un héritier est envoyé en
possession des biens héréditaires ou qui recon-
naissent les droits d'un héritier ab-intestat.

La seconde est également un droit de timbre.

La troisième est un droit sur les capitaux mobiliers.

La quatrième est un impôt perçu sur les immeubles transmis.

La succession testamentaire ou ab-intestat à
une propriété donne lieu à la perception de la
deuxième et de la troisième taxe.

La transmission d'une propriété personnelle
par contrat de mariage et la succession à la
propriété réelle ne sont soumises qu'à la quatrième
taxe (2) Le système de la progressivité est éta-

(1) Bulletin de statistique 1888, p. 190 et s.
(2) Bulletin de statistique, 1885, p 567 et 1888. p. 188 et s.

bli dans la perception de la première et de la seconde taxe.

En 1880 fut créé un tarif progressif unique dont le but était de dégrever les successions les moins riches, en augmentant la charge de l'impôt sur les grosses successions Le tarif établi sur les actes par lesquels la justice homologue un testament ou reconnaît les droits d'un héritier ab-intestat fut fixé comme suit par la loi sur le revenu intérieur de 1881 :

De 100. livres ster.(2.500fr.)

    à 500 liv. (12.500) . . . . 1 liv. = 25 fr.

De 500 liv. à 1000 liv.

    (25.000 fr.), par 50 livres

    ou fraction de 50 livres . 1 liv. 5 sh. = 31 fr. 25.

Au-dessus de 1.000 livres,

    par 100 livres ou fraction

    de 100 livres. . . . . . . 3 liv. = 75 fr.

Lorsque la valeur totale brute d'une succession mobilière n'excède pas 300 livres (7.500 fr.), il est perçu pour tous les salaires et frais une somme fixe de 14 shillings (17, 50); si les biens ont une valeur supérieure à 300 livres, il est dû en outre un droit fixe de mutation de 1 livre 7 shillings (33 fr. 75).

Le droit de timbre, établi pour la protection du droit d'homologation, ne pèse que sur les biens personnels et mobiliers. Il a été introduit par la loi de 1881, dans le but d'atteindre les dispositions combinées pour échapper au droit d'homologation. Le tarif en est le même; il est perçu au moyen de timbres; le chiffre en dépend de la valeur des biens compris dans le compte présenté à l'administration. Il y a exemption pour les biens dont la valeur ne dépasse pas cent livres.

Une nouvelle taxe de 1 o/o est venue depuis 1888 se superposer aux quatre taxes existantes; mais elle ne frappe que les successions de plus de 10.000 livres (250.000 fr.) (1).

II. Suisse. — Sur les vingt-deux cantons de la Confédération Helvétique, six seulement appliquent le système de la progression à l'impôt successoral (2) : ce sont les cantons de Berne, de Schaffhouse, de Soleure, de Thurgovie, d'Uri et de Zurich.

Canton de Berne. — La loi du 4 mai 1879 a fixé à 1 o/o le tarif des droits pour les successions entre époux, lorsqu'il n'existe pas d'enfants du mariage et pour les successions échues au père ou à la mère. Le taux de 2 o/o s'applique aux successions échues aux ascendants, autres que le père et la mère et aux frères et sœurs. Les successions échues aux oncles et aux neveux acquittent un impôt qui est du 4 o/o. Celles échues aux collatéraux du 4ᵉ degré paient

(1) Bulletin de statistique. 1888. août p 195.
(2 Bulletin de statistique, 1888, août. p. 195 et s.

6 o/o ; aux parents du 5ᵉ degré, 8 o/o ; 10 o/o dans tous les autres cas.

Si la valeur de la succession échue à une personne dépasse cinquante mille francs ; le surplus est assujetti à un droit supplémentaire égal à la moitié du droit ci-dessus mentionné.

Canton de Schaffhouse. — Le tarif établi par la loi du 8 mars 1884 est le suivant : 2 o/o entre frères et sœurs ; 4 o/o entre oncles, tantes, neveux et nièces ; 6 o/o entre grands-oncles. grands-tantes, petits-neveux, petites-nièces et cousins-germains ; 8 o/o pour les autres parents : 10 o/o pour les personnes non parentes.

Ces droits s'appliquent aux successions dont le montant ne dépasse pas 2.000 francs.

De 2.000 francs à 10.000 francs ; il est perçu un dixième en sus du tarif ; de 10.000 à 20.000 : 2 dixièmes en sus ; de 20.000 à 30.000 : 3 dixièmes en sus ; de 30.000 à 40.000 : 4 dixièmes : de 40.000 à 50.000 : 5 dixièmes et ainsi de suite en augmentant d'un dixième pour chaque dizaine de mille francs recueillis, jusqu'à 90.000 francs. A partir de cette somme, le tarif est doublé quelle que soit l'importance de la succession.

Canton de Soleure. — La loi organique en notre matière est celle du 13 décembre 1848. Le tarif qu'elle a mis en vigueur est de 2 o/o sur les parts revenant aux époux, il est fixé à

1 o/o pour les héritiers en ligne directe et augmente du même taux pour chaque degré de parenté. Si le bénéficiaire est à la fois légataire et héritier ab-intestat, il ne paie l'impôt que sur le montant des legs.

Le tarif est diminué de moitié pour chaque héritier ou légataire qui ne recueille pas cent francs. Il est augmenté dans les proportions suivantes, dès que la part de l'héritier est supérieure à cinq mille francs : un quart lorsque l'héritier recueille plus de 5.000 francs ; la moitié, lorsqu'il recueille plus de 10.000 francs : les trois-quarts lorsqu'il recueille plus de 15.000 francs : il est doublé lorsqu'il recueille plus de 20.000 francs (Art, 3. L. 13 décembre 1848).

Canton de Turgovie. — Le tarif est ainsi fixé: 2 o/o pour l'époux survivant. les parents dans la ligne ascendante, grands-parents. frères et sœurs En outre, il augmente de 1 o/o à chaque degré et il est de 6 o/o pour les légataires. Les héritiers qui viennent à la succession comme légataires paient 6 o/o pour les biens qu'ils recueillent en sus de leur part héréditaire.

Toute part d'héritier ou de légataire qui n'atteint pas 212 francs n'est assujetti qu'à un demi-droit.

La progression du tarif est ainsi réglée : si la part héréditaire s'élève à 6350 francs, le tarif ordinaire est augmenté du quart, de la moitié si le bénéficiaire recueille 12.700 francs, des trois-quarts si la succession s'élève à 19.000 francs. Au-dessus de 25.000 francs, le tarif est doublé (1).

L'article 5 de la loi du 23 mai 1850 exempte de tout droit :

1° Les successions en ligne directe descendante et en ligne directe ascendante jusqu'au premier degré ;

2° Les libéralités au profit de certains établissements publics, et les donations rénumératrices et ne dépassant pas 850 francs faites à des domestiques restés au moins pendant un an au service du défunt.

Canton d'Uri. — La loi du 20 octobre 1889 *(art. 1)* a établi, dans ce canton, le principe de la progression pour toutes les successions et les legs en ligne collatérale.

Dans le cas où la part héréditaire ou le legs atteint la valeur de 10.000 francs, un impôt supplémentaire est établi sur les données suivantes : de 10.000 francs à 19.999 francs, un dixième du principal de l'impôt, de 19.999 francs à 29.999 francs, deux dixièmes du principal et ainsi de suite jusqu'à 200.000 francs et au-dessus. A partir de cette limite, l'impôt supplémentaire atteint les vingt dixièmes du principal.

(1) art. 3 et 4, L 23 mai 1850.

Les successions entre frères et sœurs ne dépassant pas 8.000 francs sont exemptes de tout droit. Il en est de même des parts héréditaires ne dépassant pas 400 francs, des legs faits aux frères et sœurs, filleuls et serviteurs dont l'importance ne dépasse pas 2.000 francs, des legs ayant un but religieux ou d'utilité publique ou faits au profit des communes.

Canton de Zurich. — L'article 4 de la loi du 22 décembre 1869 établit de la façon suivante les tarifs successoraux : 2 o/o pour les enfants adoptifs, la sœur et la fiancée ; 6 o/o pour les lignes plus éloignées de la parenté descendante ; 8 o/o pour les grands parents : 10 o/o pour « tous les degrés plus éloignés de parenté ». pour les legs particuliers aux étrangers, pour les legs particuliers à des parents, mais seulement pour ce qui excède leur part héréditaire.

Si chaque héritier ou légataire recueille plus de 10.000 francs, ces droits sont augmentés de un dixième ; de deux dixièmes, si la part héréditaire dépasse 20.000 francs ; de trois dixièmes, si elle est supérieure à 30.000 francs ; de quatre dixièmes, si elle est surpasse 40.000 francs ; de cinq dixièmes, si elle est supérieure à 50.000 francs.

Les successions en ligne directe descendante, les successions en ligne directe ascendante, au premier degré seulement, les successions entre époux, les successions tarifées à 2 o/o et à 6 o/o. lorsque les valeurs recueillies par l'héritier ne s'élèvent pas à mille francs, les legs faits aux employés, serviteurs et parrain du défunt jusqu'à concurrence de mille francs, les legs faits dans un but d'utilité publique à une commune du can-ton sont exempts de tout droit.

L'impôt sur les successions a été abrogé aux Etats-Unis par une loi du 1er octobre 1870. Il n'existe pas dans les cantons suisses d'Appenzel, d'Oberwalden, de Schwitz, et du Valais.

Le Maroc, le Canada, le Mexique, 1 Uruguay, les Indes Anglaises, le Japon et l'Australie n'ont pas encore établi d'impôt sur les mutations par décès (1).

(1) Bulletin de statistique août 1888 p 209

CONCLUSION

A côté des grandes réformes dont les principaux traits viennent d'être esquissés et dont le besoin se fait rigoureusement sentir, il en existe d'autres de moindre importance, mais dont l'idée répond également à la notion de justice. Leur réalisation a été souvent demandée par les hommes politiques et les économistes.

Les règles de perception des droits de mutation par décès ont été inspirées beaucoup plus par la pensée d'assurer un énorme rendement de l'impôt que par celle d'en faciliter le paiement aux contribuables. Elles ont soulevé des critiques, notamment en ce qui concerne :

1° Le délai de six mois pour l'acquittement des droits ;

2° L'obligation de faire une déclaration dans chaque bureau de la situation des biens ;

3° La perception du droit proportionnel sur les successions de minime importance, transmises en ligne directe.

Nous examinerons rapidement ces questions.

I. — Le délai accordé aux héritiers ou légataires pour l'enregistrement des déclarations de

— 224 —

succession est de six mois, à compter du jour du décès (1). Dans la plupart des cas, ce délai de six mois est le temps strictement nécessaire à la liquidation de la succession ; le fisc exige donc le paiement *immédiat* des droits de succession. Cette situation est très pénible pour un grand nombre d'héritiers. Les deux tiers de la population française se composent de moyens ou petits propriétaires dont l'avoir consiste presque entièrement en immeubles. Si le décès ne coïncide pas avec l'époque où se perçoivent les revenus de la terre, le capital devra servir à l'acquittement du montant des droits de succession. Or, un recours au capital, dans une fortune immobilière, conduit presque toujours à un emprunt hypothécaire, résultat qui n'est pas profitable en lui-même.

M. Leroy-Beaulieu voudrait que le délai fut porté à deux ans (2). La prolongation du délai apparaît comme très utile, et nous ne saurions mieux faire que de la désirer.

II. — Aux termes de l'article 27 de la loi de frimaire, les mutations par décès de propriété ou d'usufruit de biens meubles, ayant une assiette déterminée, ou de biens immeubles, doivent être déclarées au bureau de la situation des biens. Cette pratique occasionne des dérangements

(1) art 24, L. de frimaire
(2) Leroy-Beaulieu. *science des finances* t I p. 516 et s.

onéreux pour les contribuables, surtout si la succession comprend des immeubles et des meubles à assiette déterminée dans plusieurs cantons.

Une proposition de loi tendant à l'abolition de cette régle a été déposée par MM. Royer, Bertrand et Viger, dans la séance du 5 mars 1891 (1). L'article 27 serait désormais terminé de la façon suivante : « Néanmoins, la déclaration pourra être passée au bureau du domicile du defunt, lorsque la valeur à déclarer dans chacun des bureaux de la situation ne dépassera pas 5.000 francs. Dans ce cas, les droits seront calculés et perçus distinctement sur les biens situés dans chaque bureau. »

Cette réforme serait à souhaiter, car, sans nuire à l'exercice du contrôle de l'administration sur les déclarations, elle éviterait aux contribuables des frais inutiles.

III. — Il serait enfin à désirer que le législateur inscrivît dans nos lois le principe du dégrèvement des petites successions échues aux héritiers en ligne directe (2). En pratique, l'hé-

---

(1) Ch. des Députes. 1891, Annexes. t I, p 768.

(2) Dans un certain nombre de legislations, les successions dont la valeur ne depasse pas une certaine somme ne sont soumises a aucun droit En Angleterre les successions dont la valeur n'excede pas cent livres sont exemptes de tout droit En Belgique sont exemptes d'impôt 1° les successions dont la valeur totale déduction faite du passif ne s'éleve pas a 634 francs, 2° la part de chaque heritier ou legataire et de l'époux survivant

ritier d'une succession de minime importance se
dispense d'en faire la déclaration ; une exemption totale d'impôt éviterait aux contribuables
l'occasion de frauder le Trésor.

Un projet de loi a été déposé, en 1890, par
MM. Barbe et Viger (1). qui voudraient que les
successions dont la valeur n'atteint pas 1.000 fr.
soient exemptes de tous droits. M. Maujan (2)
propose de limiter l'exemption totale aux parts
héréditaires inférieures à 500 francs (actif net).
et d'accorder aux parts de 500 à 2.000 francs un
dégrèvement décroissant par l'application duquel
le taux de 1 o/o ne s'appliquerait que lorsque
la valeur recueillie par l'héritier atteindrait
2.000 francs.

Nous proposant comme but la répartition
équitable de l'impôt et nous inspirant de la législation des pays étrangers, nous demandons
l'introduction en France des réformes suivantes :

1° *Distraction des charges régulièrement
établies ;*

2° *Liquidation du droit proportionnel sur
la valeur véritable de la nue-propriété et de
l'usufruit ;*

ne s'élevant pas après deduction des dettes à la somme de 1 000
francs. En Russie, est affranchie de tout droit de mutation toute
succession dont la valeur ne depasse pas 1 000 roubles — Bulletin de statistique, août 1888, p 187 et s.

(1) J Off , Ch. Annexes, 1890, p 645.
(2) Proposition de loi du 13 mai 1891 art. 5

3° Restriction de la vocation héréditaire au sixième degré;

4° Exemption totale, jusqu'à 500 francs, partielle au-delà de ce chiffre et décroissante pour les parts héréditaires inférieures à 2.000 francs recueillies en ligne directe.

Nous croyons avoir établi que toutes ces réformes sont rationnelles et justes et nous pensons que les difficultés financières ne doivent pas faire ajourner une refonte totale qui tend à rendre nos lois sur les mutations par décès « plus conformes à la justice et à la raison (1). »

(1) Leroy-Beaulieu, *science des finances.* t. I, p. 516.

A P.

Modèle de Formule

RECTO

MUTATION PAR DECES

Formule de déclaration
(Loi du 6 decembre 1897 — Decret du
10 janv 1898)
Bureau du   (   )

(CADRE A REMPLIR PAR LE RECEVEUR)
Declaration du   189   n° .
Table des deces, vol   fol   n°   quittance n°
Compte au repertoire du *de cujus* vol   n°.

gercial ·   ⟨de son conjoint vol . n

RENSEIGNEMENTS UTILES AUX CONTRIBUABLES

Des formules

Les declarations de mutation par décès sont etablies sur des formules fournies gratuitement par l'administration. Elles sont signees par les heritiers donataires ou légataires, leurs tuteurs ou curateurs. Elles sont ecrites par le receveur si les parties le requierent (Loi du 6 dec 1897. *art* 19)

Bureaux ou doivent être effectuees les declarations

Pour les immeubles, au bureau de la situation des biens pour les meubles. au bureau dans l'arrondissement duquel les biens se trouvaient au deces de l'auteur de la succession pour les rentes et autres biens meubles sans assiette determinee au deces, au bureau du domicile du decede (Loi du 22 frim an VII *art* 27)

SUCCESSION

Le   soussigne,

agissant en qualite de

declare que M.

exerçant la profession de

domicile- a

est decede a

le   189 .

Enoncer les noms, prenoms. domicile et degre de parente avec le defunt des heritiers et legataires, — analyser les dispositions testamentaires et les clauses du contrat de mariage — Designer les biens dependant de l'heredite 1° biens dependant de la communaute s'il en existe une 2° biens appartenant en propre a l'auteur de la succession en ayant soin de grouper dans chaque serie les valeurs de meme nature dans l'ordre suivant rentes françaises et autres valeurs du Tresor rentes et effets publics des gouvernements etrangers parts d'interets et commandites simples françaises et etrangeres numeraire assurances sur la vie, depôts dans les banques et comptes courants livrets de la caisse d'epargne et de la caisse de retraites pour la vieillesse, creances, rentes des particuliers prix d'offices fonds de commerce y compris les marchandises attachees au fonds. meubles corporels (meubles et objets mobiliers navires et bateaux etc) immeubles urbains. immeubles ruraux.

TARIF	Principal l, 4ᵈᵒ	Pcrimes , 1ᵈᵒ	Compte des successibles au repertoire general Tol.	Case
1. En ligne directe... ...	1.00	0.25		
2. Entre epoux				
Le conjoint survivant venant à la succession en vertu de la loi du 9 mars 1891...	3.00	0.75		
Le conjoint venant a la succession à defaut d'heritier du degre successible...	9.00	2.25		
3. En ligne collaterale ·				
1° Entre frères et sœurs, oncles ou tantes, neveux ou nieces....................	6.50	1 62		
2° Entre grands oncles ou grand'tantes. petits-neveux ou petites-nieces ou cousins-germains............. ...	7.00	1.75		
3° Entre parents au-dela du 4ᵉ degré jusqu'au 12ᵉ...	8.00	2.00		
4. Entre personnes non parentes..............	9.00	2.25		

)éclaration de Succession

VERSO

Nota A la suite des dernieres enonciations de la declaration le declarant inscrit la mention suivante « Le declarant affirme sincere et veritable sous les peines de droit la presente declaration contenue en (nombre) pages et approuve (nombre) mots rayés nuls » — Le declarant date ensuite la declaration et il la signe Il approuve séparement chacun des renvois s'il y a lieu, par l'inscription de ses initales	Colonne a remplir par le declarant — Valeur en capital des biens transmis		Colonne reservée au receveur	
	fr.	c.	fr	c

LIQUIDATION DE L'IMPOT PAR LE RECEVEUR	OBSERVATIONS DES AGENTS DE CONTROLE
Le Receveur.	

ERRATA

BIBLIOTHÈQUE ... IMPRIMÉS

Page 67, ligne 5, *au lieu de* nue propriété, *lire* : propriété.

Page 68, ligne 11, *au lieu de* 21 avril 1816, *lire* : 21 avril 1832.

Page 70, ligne 16, *au lieu de* 9 mai 1891, *lire* : 9 mars 1891.

Page 107, ligne 20, *au lieu de* 18 mars 1850, *lire* : 18 mai 1850.

TABLE DES MATIÈRES

Pages

APERÇU HISTORIQUE...................... 1

PREMIÈRE PARTIE. — Législation actuelle 27

CHAPITRE I. — Légitimité et fondement
    de l'impot des mutations par décès. . 29

CHAPITRE II. — Exigibilité des droits. ... 41

 Section I. — Dans quel cas il y a mu-
    tation par décès.................. 42

 Section II. — De la preuve de l'ouverture
    de la succession. 51

 Section III. — Renonciation à succession. 55

 Section IV. — Diverses successions régies
    par des règles spéciales...... 60

CHAPITRE III. — Tarif des droits........ 67

CHAPITRE IV. — Déclaration de succession 77

 Section I. — Formes de la déclaration... 78

 Section II. — A quels bureaux elle doit
    être reçue........ ....,... 80

 Section III. — Quelles personnes doivent
    la faire 82

 Section IV. — Délais................. 87

CHAPITRE V. — Liquidation de l'impot.... 93

16

Pages

Section I. — Détermination de l'actif du défunt... 93

Section II. — Evaluation des biens...... 101

CHAPITRE VI. — Paiement des droits..... 123

Section I. — Débiteurs de l'impôt. caractètères de la créance du fisc 123

Section II. — Garanties accordées à l'administration............ 129

DEUXIÈME PARTIE. — Projets de réforme. 139

CHAPITRE I. — De la non distraction des charges. 143

Section I. — Critique du principe....... 144

Section II. — Législations étrangères.. . 150

Section III. — Projets de réforme....... 164

CHAPITRE II. — Evaluation des biens.... 175

Section I. — Immeubles.. 175

Section II. — Législations étrangères. .. 181

Section III — Meubles.... 183

CHAPITRE III. — Evaluation de l'usufruit et de da nue-propriété....... 185

Section I. — Inconvénients du régime actuel.. 186

Section II. -- Législations étrangères. .. 188

Section III. — Etablissement de la taxe sur la valeur réelle de l'usufruit et de la nue propriété. 190

Pages

CHAPITRE IV. — TARIF DES DROITS........ 195

Section I. — Suppression de la vocation héréditaire pour certains collatéraux. 195

Section II. — Substitution du tarif progressif au tarif proportionnel.......... 201

Section III — Application aux titres au porteur d'une taxe représentative des droits de mutation par décès........ 211

Section IV. — Législations étrangères... 214

CONCLUSION............. 223

APPENDICE.. 244

Vu à Grenoble, le 10 mars 1899.

Le doyen, président de la thèse,

Ch. TARTARI.

Vu et permis d'imprimer.

Grenoble, le 11 mars 1899.

Le Recteur, président du Conseil de l'Université,

E. BOIRAC.

www.ingramcontent.com/pod-product-compliance
Lightning Source LLC
Chambersburg PA
CBHW071629200326
41519CB00012BA/2225